Repères Pratiques

Le système éducatif français

Jean-Louis Auduc

Nathan

Sommaire

MODE D'EMPLOI

Divisé en six parties, l'ouvrage s'organise par doubles pages. Chaque double page fait le point sur un thème et fonctionne de la façon suivante.

À gauche

Une page synthèse apporte toutes les informations pour comprendre la notion abordée dans la double page.

À droite

Une page explication développe un point particulier qui illustre et complète la page de gauche.

Le menu aide à repérer les six parties du livre.

Quelques lignes d'introduction présentent les principaux éléments du sujet.

Le titre de la page de droite met en lumière un point particulier.

Le titre annonce le thème de la double page.

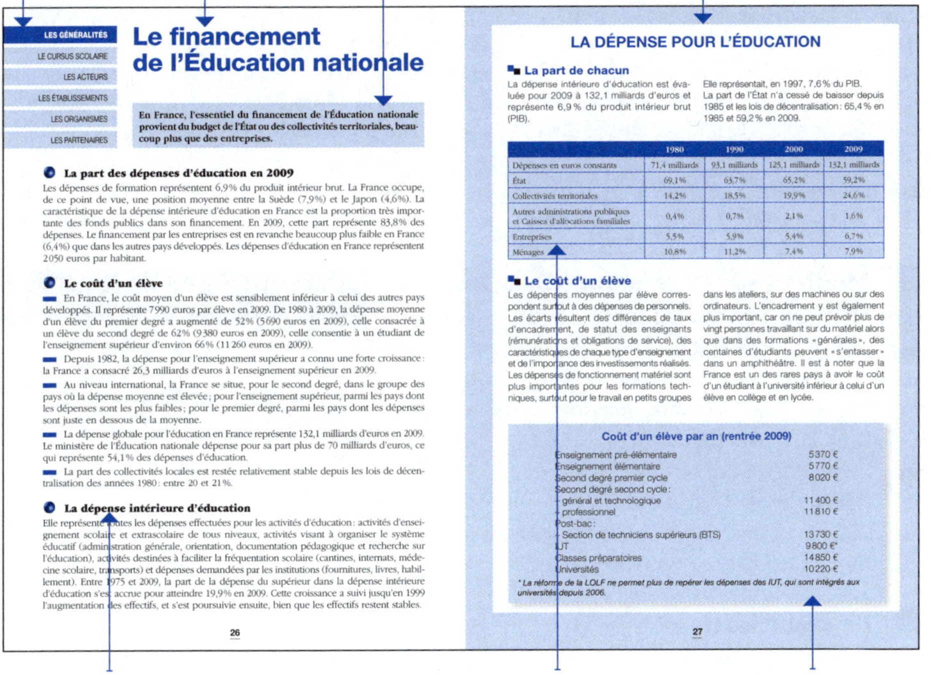

LES GÉNÉRALITÉS
LE CURSUS SCOLAIRE
LES ACTEURS
LES ÉTABLISSEMENTS
LES ORGANISMES
LES PARTENAIRES

Le financement de l'Éducation nationale

En France, l'essentiel du financement de l'Éducation nationale provient du budget de l'État ou des collectivités territoriales, beaucoup plus que des entreprises.

La part des dépenses d'éducation en 2009

Les dépenses de formation représentent 6,9% du produit intérieur brut. La France occupe, de ce point de vue, une position moyenne entre la Suède (7,9%) et le Japon (4,6%). La caractéristique de la dépense intérieure d'éducation en France est la proportion très importante des fonds publics dans son financement. En 2009, cette part représente 83,8% des dépenses. Le financement par les entreprises est en revanche beaucoup plus faible en France (6,4%) que dans les autres pays développés. Les dépenses d'éducation en France représentent 2050 euros par habitant.

Le coût d'un élève

- En France, le coût moyen d'un élève est sensiblement inférieur à celui des autres pays développés. Il représente 7990 euros par élève en 2009. De 1980 à 2009, la dépense moyenne d'un élève du premier degré a augmenté de 52% (5690 euros en 2009), celle consacrée à un élève du second degré de 62% (9380 euros en 2009), celle consentie à un étudiant de l'enseignement supérieur d'environ 66% (11 260 euros en 2009).
- Depuis 1982, la dépense pour l'enseignement supérieur a connu une forte croissance: la France a consacré 26,3 milliards d'euros à l'enseignement supérieur en 2009.
- Au niveau international, la France se situe, pour le second degré, dans le groupe des pays où la dépense moyenne est élevée; pour l'enseignement supérieur, parmi les pays dont les dépenses sont les plus faibles; pour le premier degré, parmi les pays dont les dépenses sont juste en dessous de la moyenne.
- La dépense globale pour l'éducation en France représente 132,1 milliards d'euros en 2009. Le ministère de l'Éducation nationale dépense pour sa part plus de 70 milliards d'euros, ce qui représente 54,1% des dépenses d'éducation.
- La part des collectivités locales est restée relativement stable depuis les lois de décentralisation des années 1980: entre 20 et 21%.

La dépense intérieure d'éducation

Elle représente toutes les dépenses effectuées pour les activités d'éducation: activités d'enseignement scolaire et extrascolaire de tous niveaux, activités visant à organiser le système éducatif (administration générale, orientation, documentation pédagogique et recherche sur l'éducation), activités destinées à faciliter la fréquentation scolaire (cantines, internats, médecine scolaire, transports) et dépenses demandées par les institutions (fournitures, livres, habillement). Entre 1975 et 2009, la part de la dépense du supérieur dans la dépense intérieure d'éducation s'est accrue pour atteindre 19,9% en 2009. Cette croissance a suivi jusqu'en 1999 l'augmentation des effectifs, et s'est poursuivie ensuite, bien que les effectifs restent stables.

26

LA DÉPENSE POUR L'ÉDUCATION

La part de chacun

La dépense intérieure d'éducation est évaluée pour 2009 à 132,1 milliards d'euros et représente 6,9% du produit intérieur brut (PIB). Elle représentait, en 1997, 7,6% du PIB.
La part de l'État n'a cessé de baisser depuis 1985 et les lois de décentralisation: 65,4% en 1985 et 59,2% en 2009.

	1980	1990	2000	2009
Dépenses en euros constants	71,4 milliards	93,1 milliards	125,1 milliards	132,1 milliards
État	69,1%	63,7%	65,2%	59,2%
Collectivités territoriales	14,2%	18,5%	19,9%	24,6%
Autres administrations publiques et Caisses d'allocations familiales	0,4%	0,7%	2,1%	1,6%
Entreprises	5,5%	5,9%	5,4%	6,7%
Ménages	10,8%	11,2%	7,4%	7,9%

Le coût d'un élève

Les dépenses moyennes par élève correspondent surtout à des dépenses de personnels. Les écarts résultent des différences de taux d'encadrement, de statut des enseignants (rémunérations et obligations de service), des caractéristiques de chaque type d'enseignement et de l'importance des investissements réalisés. Les dépenses de fonctionnement matériel sont plus importantes pour les formations techniques, surtout pour le travail en petits groupes dans les ateliers, sur des machines ou sur des ordinateurs. L'encadrement y est également plus important, car on ne peut prévoir plus de vingt personnes travaillant sur du matériel alors que dans des formations « générales », des centaines d'étudiants peuvent « s'entasser » dans un amphithéâtre. Il est à noter que la France est un des rares pays à avoir le coût d'un étudiant à l'université inférieur à celui d'un élève en collège et en lycée.

Coût d'un élève par an (rentrée 2009)

Enseignement pré-élémentaire	5370 €
Enseignement élémentaire	5770 €
Second degré premier cycle	8020 €
Second degré second cycle:	
- général et technologique	11 400 €
- professionnel	11 810 €
Post-bac:	
- Section de techniciens supérieurs (BTS)	13 730 €
IUT	9800 €*
Classes préparatoires	14 850 €
Universités	10 220 €

** La réforme de la LOLF ne permet plus de repérer les dépenses des IUT, qui sont intégrés aux universités depuis 2006.*

27

Les sous-titres permettent de saisir l'essentiel en un coup d'œil.

Le tableau donne des informations chiffrées actualisées.

L'encadré apporte des précisions au texte.

Le développement de la scolarisation

En France, la scolarisation des jeunes de 3 à 18 ans s'est construite en un siècle, à travers trois grandes étapes qui marquent chacune un allongement de la durée des études.

1914-1950 : la scolarisation des 6-12 ans

La première étape du développement de la scolarisation pour tous (1881-1914) a été tracée par Jules Ferry. Il a transformé la poussée de scolarisation de la première moitié du XIXe siècle en un objectif de scolarisation des 6-12 ans en mettant en place des lois portant son nom. Ces lois ont rendu l'école primaire publique, laïque, gratuite et obligatoire et ont créé un diplôme de fin d'études : le Certificat d'études primaires.

1960-1980 : la scolarisation massive des 12-16 ans

- De la réforme Berthoin (ministre de l'Éducation de 1958 à 1959) qui institue, en 1959, la prolongation de la scolarité à 16 ans, à la réforme Fouchet (ministre de l'Éducation de 1962 à 1967) relative à l'organisation des collèges en trois filières (1963) jusqu'à la réforme Haby (ministre de l'Éducation de 1974 à 1978) qui installe le collège unique en 1975, il a fallu vingt ans pour faire accéder tous les 12-16 ans au premier cycle de l'enseignement secondaire. Dans le même temps, on a vu la scolarisation massive des 3-6 ans dans les écoles maternelles.
- De cet effort a très vite découlé l'impérieuse nécessité de construire des établissements : 2 354 collèges furent construits de 1965 à 1975 (« un par jour », déclara Georges Pompidou).

1980-1990 : l'accession de la majorité des jeunes au baccalauréat

- L'accélération des mutations techniques a entraîné la mise en œuvre d'une troisième étape : celle de l'accession de la grande majorité des jeunes au niveau du baccalauréat.

Classe d'âge obtenant le baccalauréat	
1880 : 1%	1995 : 63%
1936 : 2,7%	2006 : 63,2%
1970 : 20%	2009 : 65,9%
1989 : 36%	2011 : 71,6%

- Cette étape s'accomplit dans l'urgence puisque, entre 1984 et 1995, on est passé de 35% d'une classe d'âge au niveau du baccalauréat à plus de 70%.
- Dans le même temps, le baccalauréat s'est diversifié avec, à côté des voies générales et technologiques, la mise en place, au milieu des années 80, d'un baccalauréat professionnel.

La stabilisation

Si la scolarisation dans le supérieur est devenue plus massive (en 2002, près de 50% d'une classe d'âge atteint un niveau Bac + 2, surtout grâce aux BTS et aux DUT) et la scolarisation plus longue qu'elle n'a jamais été, on assiste à une stabilisation depuis 1995. Les filles réussissent beaucoup mieux leurs études que les garçons : 67,6% obtiennent un baccalauréat contre 56,5% des garçons.

VIE ET MORT D'UN DIPLÔME

Un sésame

Le Certificat d'études a connu son âge d'or entre 1920 et 1950 et fut un vrai sésame pour la génération des plus de 50 ans.

La loi de 1882 sur l'enseignement primaire institue un Certificat d'études primaires (CEP) décerné « après un examen public où pourront se présenter les enfants dès l'âge de 11 ans » (cet âge sera rapidement porté à 12 ans). Au début du XXe siècle, ce diplôme devient exigible pour tous les candidats à un emploi public.

Dans les années 20, la moitié seulement des enfants d'une génération est présentée au CEP. Seule contrainte : avoir 12 ans révolus au 31 décembre de l'année de l'examen.

Les épreuves

Le CEP comporte des épreuves écrites (une rédaction, une dictée accompagnée de questions, deux problèmes d'arithmétique ou de sciences, du dessin pour les garçons et de la couture pour les filles) et des épreuves orales (histoire-géographie ou sciences, lecture expressive suivie de questions, récitation, chant, calcul mental et gymnastique). Tous les sujets sont choisis par l'inspecteur d'académie et relèvent du programme du cours moyen des écoles primaires élémentaires.

Peu à peu tombé en désuétude

L'obligation scolaire élevée à 16 ans (en 1959) et la mise en place des collèges d'enseignement secondaire (en 1963) portent un rude coup au certificat d'études. Peu à peu, le rôle de cet examen va être concurrencé par le Brevet d'études du premier cycle du second degré (BEPC), créé en 1947 et modifié en 1959 lorsqu'il apparaît que près de 200 000 candidats y sont inscrits.

En 1980, le BEPC est transformé en Brevet des collèges, décerné par un jury départemental. Il est attribué sur la base des résultats scolaires obtenus en cours de formation (4e et 3e) et de trois épreuves écrites en français, mathématiques et histoire-géographie.

Officiellement supprimé

Le « certif » est supprimé officiellement en 1990 ; il est remplacé par le Certificat de formation générale, dont l'obtention compte pour un certain nombre d'unités de valeur du Certificat d'aptitude professionnelle (CAP).

Le système éducatif français en chiffres

12 500 000 enfants fréquentent l'école de la maternelle au baccalauréat.

1 300 000 personnels y travaillent, dont près de 850 000 enseignants (316 000 dans les écoles publiques, 424 000 dans le second degré public et 100 000 dans l'enseignement privé).

Les établissements se répartissent ainsi :
- 72 300 établissements publics ou privés,
- 60 850 écoles maternelles ou élémentaires,
- 6 900 collèges,
- 2 700 lycées d'enseignement général, technique ou d'enseignement polyvalent,
- 1 850 lycées professionnels.

La laïcité de l'école

En France, l'école est ouverte à tous les jeunes, quelles que soient leurs origines sociale, ethnique et religieuse. Elle doit être indépendante vis-à-vis de toutes les religions et de tous les groupes de pression. En parallèle et en vertu du principe de la liberté d'enseignement existe l'enseignement privé confessionnel.

La création de l'état civil

Le premier acte fondateur de la laïcité est la création de l'état civil à travers plusieurs textes adoptés entre 1789 et 1792. L'état civil signifie que l'église n'est plus le «passage obligé» pour les actes importants de la vie: les naissances, les mariages, les décès.

Le concordat de 1801

Le concordat napoléonien de 1801 considère que les Églises (et le «les» est important puisqu'il signifie que l'Église catholique n'est plus en situation de monopole mais doit partager ses prérogatives avec d'autres religions reconnues: les cultes protestants, le judaïsme) ont une «mission de service public» et que leurs desservants sont rémunérés par l'État.

L'école, un enjeu entre l'État et l'Église catholique

- Tout au long du XIXe siècle, l'école va être un enjeu de plus en plus important entre l'État et l'Église catholique, au fur et à mesure que des besoins de scolarisation apparaissent. La loi déposée en juin 1849 par le ministre de l'Instruction publique et des Cultes, le comte de Falloux, et votée le 15 mars 1850, vise à imposer la mainmise de l'Église sur l'éducation primaire. Ce faisant, ses opposants, les républicains, n'en sont que plus décidés à se battre pour leurs valeurs: l'école laïque.
- En 1866, le pédagogue Jean Macé (1815-1894) fonde la Ligue de l'enseignement pour développer l'action en faveur d'une école publique laïque. Les lois Jules Ferry de 1881-1882 organisent l'école laïque, c'est-à-dire une école débarrassée de toute tutelle du clergé, ouverte à tous les enfants quelles que soient leurs croyances, et exerçant une action éducative. L'école primaire devient l'école de la République, c'est-à-dire un moyen d'apprentissage de la démocratie et le ciment de l'unité nationale. Les lois Ferry prévoient cependant un jour dans la semaine pour l'étude du catéchisme (au départ, le jeudi).

La séparation de l'Église et de l'État

La loi de décembre 1905 de séparation de l'Église et de l'État précise clairement que «l'État ne reconnaît, ne subventionne, ne salarie aucun culte». Cela signifie que la France, État laïque, n'intervient dans aucun domaine religieux, ne régente pas les Églises et ne confère à ses actions, aucun caractère religieux.

Un État laïque

La séparation de l'Église et de l'État n'est sérieusement remise en cause que par le régime de Vichy. Les constitutions de 1946 et de 1958 réaffirment solennellement le caractère laïque de la République.

LA LOI FALLOUX

Une loi antirépublicaine

La loi Falloux a été votée en 1850, après la révolution de 1848, afin d'établir le contrôle de l'Église sur l'école, en vue de combattre les républicains.

Un siècle et demi après

Avec ses 85 articles, la loi Falloux, qui se voulait une loi définitive sur l'ensemble des problèmes de l'enseignement, eut une destinée assez extraordinaire puisque 146 ans après son vote, elle figure toujours dans le recueil des lois. En effet, elle n'a jamais été totalement abrogée...
L'ensemble de ses articles s'applique toujours dans le Bas-Rhin, le Haut-Rhin et la Moselle, et 19 d'entre eux, qui ne concernent pas l'enseignement primaire, restent encore applicables.
C'est le cas notamment de l'article 69 du chapitre « Les établissements particuliers d'enseignement secondaire », qui vise à éviter que les communes, les départements ou l'État ne se dispersent dans le futur en finançant des établissements scolaires, notamment secondaires, alors que l'unique priorité au milieu du XIXe siècle est l'enseignement primaire. L'article précise que « les établissements libres peuvent obtenir des communes, des départements ou de l'État, un local et une subvention, sans que cette subvention puisse excéder le dixième des dépenses annuelles de l'établissement... »

Un frein aux constructions d'établissements privés

Cet article limite donc fortement les possibilités de subventions pour les constructions, reconstructions, gros entretiens des bâtiments scolaires.
Au cours des 146 dernières années, une seule loi dans la législation française a amendé ce principe. Il s'agit de la loi Astier de 1919 qui, sans limitation, permet l'aide de l'État et des collectivités territoriales pour la construction, l'équipement d'établissements privés.
Mais pour l'enseignement général privé d'aujourd'hui, l'article 69 joue incontestablement un rôle de frein. Les législateurs de 1850, attachés au contrôle de l'Église sur l'enseignement primaire, n'ont pas prévu qu'à travers cet article, ils allaient gêner le développement de l'enseignement catholique un siècle et demi plus tard.
C'est pourquoi, par un curieux retournement historique, le camp laïque se fait aujourd'hui le défenseur des articles de la loi Falloux que ses ancêtres ont vilipendé. L'essai, tenté par le gouvernement en décembre 1993, d'abroger le fameux article 69 s'est soldé par un échec à la suite des manifestations puissantes organisées par les organisations laïques.

Le comte de Falloux

Originaire du Maine-et-Loire, Frédéric Albert, comte de Falloux (1811-1886) est élu député royaliste légitimiste en 1845 et en 1848. Louis Napoléon Bonaparte, élu en décembre 1848, le nomme ministre de l'Instruction publique (1848-1849). C'est à ce poste qu'il rédige la loi qui porte son nom, favorisant l'influence du clergé et des congrégations religieuses sur l'enseignement. Cette loi sera votée sous son successeur, car il quitte son ministère en octobre 1849.

La laïcité aujourd'hui

Au moment où montent les intégrismes de toutes sortes, où se développent des sectes, la laïcité est plus que jamais d'actualité. Elle permet de ne pas mettre en cause la liberté d'expression, de conscience, de création, de diffusion au nom d'une religion. Elle exclut l'éclatement de la nation en communautés séparées.

Un lieu d'intégration

L'école est, par excellence, le lieu d'éducation et d'intégration où tous les enfants et tous les jeunes se retrouvent. À la porte de l'école, doivent s'arrêter toutes les discriminations, qu'elles soient sexuelles, culturelles ou religieuses.

La laïcité des élèves

- Aux origines de l'école publique, les seules exigences déduites de la laïcité incombent aux maîtres et à eux seuls. C'est seulement dans les années 1930 que des circulaires excluant les manifestations d'appartenance politique et religieuse apparaissent, pour éviter, surtout sur le plan politique, des affrontements entre les élèves des lycées.
- Le 15 mars 2004, une loi a été votée précisant que : « dans les écoles, les collèges et les lycées publics, le port de signes ou tenues par lesquels les élèves manifestent ostensiblement une appartenance religieuse est interdit ». À la rentrée 2005, l'application de ce texte a entraîné l'exclusion d'un seul élève. La loi est donc presque parfaitement respectée.

Les obligations de laïcité des enseignants

Les obligations de laïcité des enseignants s'inscrivent dans la logique des lois Ferry de 1881-1882, de la loi de séparation de l'Église et de l'État de 1905, et de l'arrêt Bouteyre de 1912, qui indique l'incompatibilité entre la qualité de religieux et celle d'enseignant du secteur public. La circulaire du 12 décembre 1989 les rappelle de façon très précise : « Dans l'exercice de leurs fonctions, du fait de l'exemple qu'ils donnent explicitement ou implicitement à leurs élèves, les enseignants doivent impérativement éviter toute marque distinctive de nature philosophique, religieuse et politique qui porte atteinte à la liberté de conscience des enfants ainsi qu'au rôle éducatif des familles. »

La laïcité n'est pas la neutralité

- Dès 1908, Jean Jaurès (1859-1914) s'oppose à ceux qui veulent identifier neutralité et laïcité en précisant que c'est condamner l'école laïque à n'avoir ni doctrine, ni pensée, ni efficacité intellectuelle et morale.
- C'est dans cet esprit que les circulaires de 1989 assurent que l'école publique ne privilégie aucune doctrine, qu'elle ne s'interdit l'étude d'aucun champ du savoir. Elles rappellent que le devoir de l'école est de transmettre les connaissances et les méthodes permettant à l'élève d'exercer librement ses choix.

UNE LOI POUR LA LAÏCITÉ DE L'ÉCOLE

Une application délicate

Depuis fin 1989, le débat à propos du « foulard islamique » replace la laïcité au premier plan des problèmes politiques, sociaux et juridiques contemporains. Pour tout enseignant, tout chef d'établissement, un choix difficile s'impose entre, d'une part, le respect absolument nécessaire de la laïcité de l'école et le refus de tout signe distinctif rabaissant la femme et, d'autre part, le souci de ne pas laisser en dehors de l'école, espace de savoir, des élèves plus souvent victimes de leur environnement que coupables. Face à plusieurs décisions du Conseil d'État indiquant que « le foulard ne saurait être regardé comme un signe dont le port constituerait en lui-même un acte de pression ou de prosélytisme », l'administration de l'Éducation nationale a eu des difficultés à appliquer les règles de droit en vigueur concernant la laïcité.

La commission Stasi

Pour clarifier la situation, la commission, présidée par Bernard Stasi, a proposé en décembre 2003 un certain nombre de propositions parmi lesquelles : adopter solennellement une charte de la laïcité remise notamment à l'occasion de la rentrée des classes ; inclure l'Islam au titre des enseignements religieux proposés en Alsace Moselle ; adopter une loi sur la laïcité des élèves dans le système éducatif public.

La loi

La loi « sur l'application du principe de laïcité dans les écoles, collèges et lycées publics » a été adoptée en février-mars 2004 au Parlement. Elle prévoit, au-delà de l'interdiction des signes ou tenues manifestant ostensiblement une appartenance religieuse, la mise en place avant la procédure disciplinaire d'une phase de dialogue avec l'élève concernée. La communauté éducative a été plus réservée : certains regrettent que la loi ne soit pas complétée par des textes concernant « la suppression des pratiques publiques discriminantes et le respect de la diversité culturelle. »

Pour un enseignement laïque de l'histoire des religions

Une école ne peut laisser à d'autres la formation à la connaissance de l'art religieux, ni l'approche historique et culturelle de la Bible, du Coran, des Évangiles, etc.
Car comment faire découvrir une cathédrale romane ou gothique à un élève de 5e s'il ne maîtrise pas un certain nombre de connaissances religieuses ? Cette méconnaissance, qui relève de l'inculture, est d'autant plus préoccupante chez les jeunes que, aujourd'hui, la dimension religieuse est souvent au cœur de nombreuses revendications nationalistes ou identitaires. En mars 2002, Régis Debray a remis un rapport sur « L'enseignement du fait religieux dans l'école laïque » qui propose que le traitement du fait religieux, qui est partie prenante du patrimoine culturel universel, soit présent dans les diverses disciplines existantes. Il indique notamment que « la relégation du fait religieux hors des enceintes de la transmission rationnelle et publiquement contrôlée des connaissances favorise [...] les charlatans et les passions sectaires [...] ».

La gratuité

Le principe de gratuité permet à tous les jeunes, quelle que soit leur origine sociale, de fréquenter les établissements d'enseignement public, de la maternelle au baccalauréat, sans payer de frais de scolarité. Les familles doivent cependant régler diverses dépenses comme l'achat des fournitures, la cantine, etc.

Les frais de scolarité

- La gratuité s'applique depuis 1881 pour l'école primaire et depuis 1945 pour le collège.
- Une circulaire du 30 mars 2001 a précisé la mise en œuvre du principe de gratuité de l'enseignement dans les collèges et les lycées publics : *« Le principe de gratuité, applicable dans tous les établissements publics locaux d'enseignement, doit être considéré de manière absolue. Il concerne le matériel d'enseignement à usage collectif, les fournitures à caractère administratif et les dépenses de fonctionnement. »*
- Les manuels scolaires sont fournis gratuitement aux élèves de primaire et, depuis 1977, à ceux de collège. Les établissements achètent les livres, selon la décision des équipes pédagogiques, à partir des crédits qui leur sont attribués. Pour les lycées, les manuels restent à la charge des familles, mais un certain nombre de conseils régionaux ont pris des décisions visant à assurer la gratuité des livres pour les élèves des lycées de leur région.
- Le coût de la rentrée scolaire représentait, en septembre 2001, une dépense de 69,40 euros pour un écolier, 121,50 euros pour un collégien et 207,80 euros pour un lycéen. Pour le lycéen, le poste achat de livres représente près de 25 % de la dépense.

Les aides financières

- *Les bourses* : le système actuel de versement des bourses aux familles en une seule fois, dès la rentrée, de l'aide à la scolarité par les caisses d'allocations familiales, aboutit à un effet pervers : les parents les plus démunis dépensent tout l'argent dès la rentrée et n'ont plus de quoi payer la cantine pour les trimestres suivants.
- En lycée, les bourses, versées par trimestre, sont attribuées sur la base des revenus familiaux à partir d'un barème comportant des points de charge (nombre d'enfants, situation familiale, etc.). À ces bourses peuvent s'ajouter des primes si l'élève accède à une classe de second cycle (première et terminale) et une prime d'équipement pour les élèves des sections industrielles.
- Dans le supérieur, les étudiants peuvent bénéficier de bourses d'études pour payer les droits d'inscription, fixés chaque année par le Parlement.
- *L'allocation de rentrée scolaire* : les caisses d'allocations familiales versent, sous condition de ressources, une allocation de rentrée scolaire pour tout enfant âgé de 6 à 18 ans. Cette allocation s'élève, à la rentrée 2002 à 249,07 euros. Pour quelques cas difficiles, les conseils généraux peuvent accorder des aides supplémentaires.
- *Le fonds social lycéen ou collégien* : depuis la rentrée 1991 dans les lycées, la rentrée 1994 dans les collèges, chaque établissement est doté d'une somme destinée à venir en aide aux élèves les plus démunis. Les lycéens, par l'intermédiaire du conseil des délégués et d'une commission *ad hoc*, sont généralement associés à la gestion de ce fonds social.

LE FONCTIONNEMENT DES CANTINES

Dans les écoles primaires

Dans l'enseignement primaire, les cantines scolaires sont sous la responsabilité des municipalités. Elles peuvent fonctionner de différentes façons : soit en étant approvisionnées par une cuisine existant dans l'école, soit à partir d'une cuisine centrale appartenant à une ou plusieurs communes, soit par l'entremise d'une entreprise privée qui a passé un contrat avec la municipalité.

Dans la plupart des communes, le prix de la cantine des écoles maternelles et primaires est basé sur le principe du quotient familial. Chaque famille paye en fonction de son revenu.

Dans les collèges et lycées

Dans l'enseignement secondaire, c'est à chaque établissement d'assurer un service de cantine pour ses élèves. Le prix est fixé par le conseil d'administration de l'établissement, le principe du quotient familial ne s'applique pas.

La non-fréquentation des cantines : un problème social

Le rapport de 1996 de l'inspection générale indique que c'est par le biais de l'alimentation et notamment de la fréquentation des cantines scolaires que se manifeste le plus l'inégalité sociale des élèves.

	Demi-pensionnaires
Ensemble des collèges publics	60,1 %
Collèges en ZEP urbaine	32 %
Collèges sensibles	22,3 %

Une enquête de la Direction de l'évaluation et de la prospective (DEP), parue dans le n° 40 (mars 1995) d'*Éducation et Formations*, indique que « la faible fréquentation de la cantine apparaît bien comme un facteur aggravant des difficultés des élèves. Les raisons de cette non-fréquentation peuvent être d'ordre économique (famille nombreuse, coût du repas trop élevé, chômage) ou socioculturel (mère sans activité, nourriture non compatible avec la pratique religieuse) ».

Des initiatives départementales

Face à cette situation, un certain nombre de départements ont pris des initiatives. Le département du Val-de-Marne, par exemple, a mis en place en janvier 1990 une aide qui varie, selon les revenus et la composition des familles, de 92 à 229 euros. Elle représente un coût de 3 050 000 euros pour le budget départemental et concerne 16 603 demi-pensionnaires, soit 58 % d'entre eux. Alors qu'en 1989, 44 % des collégiens de ce département fréquentaient la demi-pension, 54 % la fréquentent en 1995. Pourtant, l'écart reste encore important entre les deux collèges à moins de 20 % de demi-pensionnaires et les huit collèges à plus de 80 %…

L'obligation scolaire

L'enseignement en France étant obligatoire entre 6 et 16 ans depuis l'ordonnance de 1959, tout jeune doit fréquenter un établissement scolaire, public ou privé, sous peine de sanction pénale pour les familles. Cette obligation concerne donc les écoles élémentaires et les collèges.

La vérification de l'obligation scolaire

Dans le cadre de l'obligation scolaire, tout jeune peut être scolarisé dans un établissement public ou privé; en cas d'impossibilité de scolarisation dans un établissement, il doit suivre un enseignement par correspondance en étant inscrit au Centre national d'enseignement à distance (CNED) ou, si l'accord en a été donné par les autorités académiques, être scolarisé dans le cadre de sa famille. L'État se réserve le droit de vérifier auprès des familles si la scolarisation s'effectue normalement.

La loi Jules Ferry du 28 mars 1882 institue comme seuls motifs recevables d'absence: la maladie de l'enfant, le décès d'un membre de la famille, des empêchements résultant de la difficulté accidentelle des communications.

Dans le cas de la scolarité non obligatoire, qui concerne tous les lycéens âgés de 16 ans et plus et les enfants fréquentant la maternelle, l'assiduité devient obligation par suite de l'inscription et de l'acceptation du règlement intérieur de l'établissement. La circulaire du 6 juin 1991 a précisé que l'inscription à l'école maternelle implique l'engagement pour la famille d'une fréquentation régulière.

La loi du 18 décembre 1998 a renforcé le contrôle de l'obligation scolaire, notamment en précisant très clairement le contenu des connaissances requis pour les enfants instruits dans la famille ou dans des établissements privés hors contrat, cela notamment pour lutter contre le développement des sectes.

La scolarisation

Taux de scolarisation	
3 ans: 99,5% 4-5 ans: 100% 6-16 ans: 100%	16-18 ans: 92% 19 ans: 73% 16-25 ans: 52%

Les chiffres présentés dans le tableau concernent les élèves scolarisés dans les établissements sous tutelle du ministère de l'Éducation nationale et dans ceux qui dépendent d'autres ministères (Agriculture, Défense, Travail, Affaires sociales, etc.).

Selon les calculs de la Direction de l'évaluation et de la prospective (DEP), l'espérance de scolarisation pour un élève entrant en maternelle en 1995 atteint 18,7 ans; c'est-à-dire qu'entré à l'école aux alentours de ses 3 ans, il n'en sortira en moyenne qu'à plus de 21 ans.

L'absentéisme, un mal chronique

La lutte contre l'absentéisme scolaire s'est développée, notamment pour empêcher par la veille éducative une sortie prématurée de l'école sans qualification. Un contrat de responsabilité parentale a été créé par la loi sur l'égalité des chances (2006) sous la responsabilité des présidents du conseil général. Il concerne l'absentéisme et les situations où, en raison d'une insuffisance de l'autorité parentale, l'enfant est en difficulté. Obligatoire, ce contrat pourra, s'il n'est pas appliqué, entraîner la mise sous tutelle des allocations familiales.

LE CENTRE NATIONAL D'ENSEIGNEMENT À DISTANCE

Un organisme public et autonome

La population scolaire qui ne peut suivre une formation dans les établissements d'enseignement relevant des académies, que ce soient des familles en déplacement à l'étranger ou non sédentaires en France, doit avoir recourt à l'enseignement par correspondance.

Cet enseignement à distance est organisé, en France, par un établissement public, doté de la personnalité civile et de l'autonomie financière, placé sous tutelle du ministère de l'Éducation nationale de l'Enseignement supérieur et de la Recherche : le Centre national d'enseignement à distance (CNED).

À la pointe des techniques les plus modernes

Implanté dans des locaux construits en 1993, sur le site du Futuroscope à Poitiers, le CNED est doté d'un réseau pédagogique de huit instituts, parmi lesquels on peut citer l'institut de Rouen, de Rennes ou de Toulouse. Un certain nombre d'enseignants titulaires de tous grades y sont affectés pour y effectuer leur service.

Les activités du CNED se sont considérablement développées ces dernières années à l'aide des techniques les plus récentes de l'information et de la communication. Ce centre produit ainsi plus de 120 heures d'émission en direct par an, transmises par satellite à un large réseau d'établissements scolaires.

Des cours de langues dites rares ont été mis en place à destination des élèves de lycée ou collège qui ne peuvent bénéficier de ces options dans leurs établissements. Ces cours se font notamment par visioconférence. Contacter par Internet www.cned.fr pour obtenir des informations complémentaires.

Un enseignement pour tous les niveaux de formation

Ce centre a pour mission de dispenser un enseignement par correspondance pour tous les niveaux de formation à destination de tous les élèves en France comme à l'étranger. Plus de 3 000 formations sont dispensées pour tous les niveaux de la scolarité obligatoire, enseignement supérieur, formation professionnelle continue, préparations aux concours de la fonction publique, pour le recrutement des enseignants ou des personnels des collectivités territoriales.

Le CNED propose également des cours d'été permettant de préparer la rentrée pour chaque discipline de l'enseignement élémentaire ou secondaire.

Avec 400 000 inscriptions dont 80 % d'adultes, le CNED est le premier opérateur d'enseignement à distance en Europe et en Francophonie.

La décentralisation

En matière d'éducation, la décentralisation consiste à déléguer des pouvoirs et des compétences, auparavant dévolus à l'État, à des assemblées élues ayant un budget et un exécutif propres: conseils municipaux pour les communes, conseils généraux pour les départements, conseils régionaux pour les régions.

Des compétences partagées

- La décentralisation du système éducatif a été mise en place dans les années 1980 à travers plusieurs lois fixant la répartition des compétences entre l'État et les collectivités territoriales, notamment les lois du 7 janvier 1983, du 22 juillet 1983 et du 25 janvier 1985. Cette décentralisation repose sur deux principes: le partage des compétences et le principe de subsidiarité.
- Si l'État a transféré aux collectivités territoriales ses compétences en matière de transport scolaire, de fonctionnement, d'entretien et de construction des établissements, il reste garant du recrutement, de la formation et de la gestion des personnels enseignants et arrête les orientations générales et les programmes. Une telle répartition a fait dire à certains élus: «Ils n'ont décentralisé que les murs.»

À chaque niveau de responsabilité un niveau d'enseignement

- À un niveau d'enseignement correspond un niveau de responsabilité: à la commune correspondent les écoles; au département, les collèges; à la région, les lycées.
- On peut toutefois noter que cette décentralisation s'est conjuguée avec le développement de la scolarisation en lycée et la mise en place de conseils régionaux élus. Ainsi, ce sont ces derniers qui ont principalement assumé les frais de construction des lycées neufs: 290 lycées construits entre 1987 et 1993 contre 60 seulement entre 1980 et 1986.

Une nouvelle étape de la décentralisation

Une loi, débattue et votée au Parlement en 2003 et 2004, a prévu que les personnels TOS (Techniciens, ouvriers et de service) seront transférés aux collectivités territoriales. Les départements et les régions assureront «l'accueil, la restauration, l'hébergement ainsi que l'entretien général et technique dans les établissements dont ils ont la charge.» Il est créé un Conseil territorial de l'éducation, composé de représentants de l'État, des régions, des départements et des communes, consulté sur toute question intéressant les collectivités territoriales dans le domaine éducatif.

Des dotations de l'État

- Pour compenser les compétences transférées, l'État a instauré deux dotations:

– la dotation régionale d'équipement scolaire (DRES), versée aux régions;

– la dotation départementale d'équipement des collèges (DDEC), versée aux départements.

- Si ces dotations couvraient, en 1986, de 90 à 95% des dépenses d'investissement scolaire, elles n'en couvrent plus, dix ans après, qu'environ 10%.

RÉGIONS ET ACADÉMIES

Il est souvent difficile de faire coïncider les diverses cartes administratives de la France. La carte des académies de l'Éducation nationale et celle des régions n'échappent pas à la règle. Si, dans la plupart des cas, à chaque région correspond une académie, on relève quelques exceptions :
– la région Ile-de-France compte trois académies : Paris, Créteil et Versailles ;
– la région Rhône-Alpes dénombre deux académies : Lyon et Grenoble ;
– la région Provence-Alpes-Côte d'Azur a deux académies : Aix-Marseille et Nice ;
– la Réunion, la Guadeloupe, la Martinique et la Guyane ont une académie spécifique.

Les académies de l'Éducation nationale

La déconcentration

La déconcentration est un transfert de compétences du niveau ministériel à un autre niveau des services de l'État. Elle vise à éviter que les décisions soient prises exclusivement à Paris, mais qu'elles puissent l'être au plus près des demandes et des besoins du terrain.

Des décisions plus proches du terrain

- Si la décentralisation diminue le rôle de l'État en augmentant les pouvoirs des collectivités locales, la déconcentration vise à rendre plus efficace la politique de l'État en donnant les pouvoirs de décision à des fonctionnaires plus proches du terrain. La mise en place des lois de décentralisation en 1983 a accentué les mesures de déconcentration. Celles-ci ont touché tous les départements ministériels.
- Ainsi des décisions autrefois prises au niveau du ministère de l'Intérieur ou de réunions interministérielles nationales sont, dorénavant, sous l'entière responsabilité des préfets de région ou de département.
- Dans l'Éducation nationale, des décisions autrefois prises au niveau de l'État sont à présent prises au niveau du rectorat. Certaines, prises au niveau rectoral ou départemental, ont été décentrées au niveau du chef d'établissement.

Niveau	Assemblées	Représentants de l'État	Éducation nationale
État	- Assemblée nationale - Sénat	- Président de la République - Premier ministre et gouvernement	Ministre(s) chargé(s) de l'Éducation nationale
Région	Conseil régional	Préfet de région désigné en Conseil des ministres	Recteur désigné en Conseil des ministres
Département	Conseil général	Préfet désigné en Conseil des ministres	Inspecteur d'académie désigné par le ministre de l'Éducation nationale
Commune	Conseil municipal	Préfet	- Inspecteur de l'Éducation nationale - Chef d'établissement: proviseur ou principal (représentant de l'État et exécutif de son CA)

Des services centraux moins concentrés à Paris

- La déconcentration se traduit également par la délocalisation de services, installés à proximité du ministère à Paris, dans des villes de province afin d'éviter une concentration des pouvoirs et des administrations dans la capitale.
- La gestion des personnels est en voie de déconcentration. Ainsi, les professeurs d'école sont recrutés au niveau académique et gérés départementalement, mais les professeurs certifiés et agrégés voient leur recrutement et leurs mutations gérés nationalement.

DÉCONCENTRATION ET DÉLOCALISATION

Définition

La déconcentration (diminution des pouvoirs du ministère parisien au profit des échelons inférieurs) s'accompagne, souvent symboliquement, du départ d'un certain nombre de services ou d'établissements publics liés au ministère dans des villes de province : c'est ce que l'on appelle la délocalisation.

Faut-il plus déconcentrer ?

Ces dernières années, de nombreux rapports, notamment celui de la Commission de réflexion sur l'école présidée par Roger Fauroux, ont réclamé l'accroissement de la déconcentration en s'attaquant à la lourdeur du fonctionnement de l'administration centrale et en proposant de renverser la pyramide des décisions, en faisant d'un établissement scolaire véritablement autonome l'échelon décisif du système éducatif.

La qualité d'un proviseur ou d'un principal déterminant largement celle du lycée ou du collège, est-il possible d'accroître de manière importante les pouvoirs du chef d'établissement ? Peut-on proposer que les établissements se voient dotés d'une autonomie budgétaire réelle et puissent, dans une certaine limite, modifier les programmes et les horaires des classes en fonction des besoins locaux ? Peut-on généraliser l'usage des postes « à profil » (actuellement, 12 % des postes) où les chefs d'établissement et les équipes enseignantes seraient associés à la définition des postes et à la nomination des personnels ?

Autant de questions qui montrent combien la marge entre l'accroissement de l'autonomie d'un établissement et le risque de voir éclater le cadre national du service public de l'enseignement est étroite.

Un exemple de délocalisation réussie

Installé auparavant à Vanves, dans les Hauts-de-Seine, le Centre national d'enseignement à distance (CNED) a été délocalisé au début des années 1990 à Poitiers, en plein cœur d'un site consacré aux technologies nouvelles et à l'image : le parc du Futuroscope.

Depuis 1997, l'École supérieure de personnels d'encadrement du ministère de l'Éducation nationale (Espemen), qui a notamment pour mission de former les corps d'inspection, fonctionne également à proximité de ce site.

Cette délocalisation a permis au CNED de développer un équipement multimédia grâce auquel il assure des visioconférences en liaison avec 120 sites répartis en France. Il est aussi en liaison avec certains de ses centres annexes implantés dans d'autres villes comme Toulouse ou Rennes.

Ceux qui souhaitent suivre les cours par correspondance s'inscrivent auprès du centre de Poitiers ou d'un autre centre et reçoivent les documents écrits ou audiovisuels constituant le cours.

Le Code de l'éducation

Regroupant l'ensemble des dispositions relatives au système éducatif français, le Code de l'éducation rassemble, en neuf livres, les articles des 119 textes législatifs qui avaient un rapport avec l'Éducation nationale. Ses 762 articles se sont substitués à chacune des dispositions législatives correspondantes qui se voient codifiées ou abrogées.

Les objectifs

- Le Code de l'éducation, pour sa partie législative, a été adopté par une ordonnance publiée au *Journal officiel* du 22 juin 2000.
- Son objectif est de regrouper en un seul document l'ensemble des dispositions relatives au système éducatif français qui figuraient dans 119 textes législatifs.
- Le Code de l'éducation présente les principes généraux et l'administration de l'éducation (livres I et II), les enseignements scolaires (livres III à V), les enseignements supérieurs (livres VI à VIII), les personnels (livre IX). Chaque article est précédé de la lettre L (indiquant sa nature législative) suivie d'un groupe de trois chiffres ; le premier correspond au livre, le deuxième au titre et le troisième au chapitre. Le chiffre suivant indique le numéro d'ordre de l'article dans le chapitre.
- Par exemple, le premier article, l'article L.111-1 introduit le droit à l'éducation : *« L'éducation est la première priorité nationale. Le service public [...] contribue à l'égalité des chances. Le droit à l'éducation est garanti à chacun afin de lui permettre de développer sa personnalité, d'élever son niveau de formation initiale et continue, de s'insérer dans la vie sociale et professionnelle, d'exercer sa citoyenneté... »*

Les principes généraux du droit de l'éducation

- Le préambule de la Constitution de la Ve République déclare que *« la nation garantit l'égal accès de l'enfant et de l'adulte à l'instruction, à la formation professionnelle et à la culture »* (article L.141-1 du Code de l'éducation) explicitant le principe d'égalité des chances, le droit à l'enseignement et à la formation initiale et continue, l'obligation faite à l'État d'organiser un enseignement public et sa généralisation à tous les degrés selon les principes de gratuité et de laïcité.
- L'article 34 de la Constitution stipule que *« la loi détermine les principes fondamentaux de l'enseignement »*. C'est à ce titre qu'ont notamment été prises les lois suivantes intégrées depuis 2000 au Code de l'éducation :

– la loi du 11 juillet 1975 (40 articles du Code de l'éducation) qui définit le fonctionnement du système éducatif, notamment des collèges ;

– la loi d'orientation du 10 juillet 1989 (103 articles du Code de l'éducation) qui a fixé des objectifs pédagogiques et des obligations de résultats ;

– les lois d'orientation du 12 novembre 1968 et du 26 janvier 1984 concernant l'enseignement supérieur (respectivement, 23 et 123 articles du Code) ;

– les lois de décentralisation de janvier et juillet 1983 modifiées en 1985 (64 articles du Code de l'éducation) ;

– la loi du 31 décembre 1959 modifiée en 1971 relative à la liberté d'enseignement et au rapport de l'État avec l'enseignement privé (37 articles du Code).

LES DIVERS TEXTES RÉGLEMENTAIRES

Cinq catégories de textes

Indépendamment des traités internationaux, des conventions internationales (comme la Convention des droits de l'enfant), des textes adoptés par l'Union européenne et de la Constitution française, les textes concernant le système éducatif peuvent être, par ordre hiérarchique, des lois, des décrets, des arrêtés, des circulaires et des notes de service.

Les lois

Les *lois* sont proposées par le gouvernement ou par des parlementaires, votées par l'Assemblée nationale et le Sénat. Elles comprennent un ensemble d'articles auquel peuvent s'adjoindre un préambule ou un rapport annexé.

Les parlementaires amendent et votent les articles de la loi. Les autres documents publiés avec la loi servent de base à la rédaction des textes d'application. En cas de désaccord entre les deux assemblées, c'est l'Assemblée nationale qui a le dernier mot pour le vote de la loi. Soixante parlementaires peuvent déférer une loi votée auprès du Conseil constitutionnel pour en vérifier la « constitutionnalité ». Les articles jugés « non constitutionnels » sont annulés par ledit conseil.

Les décrets

Les *décrets* sont pris en application des articles d'une loi. Ils sont le plus souvent soumis à l'avis du Conseil d'État qui en vérifie la conformité. L'article d'une loi qui n'a pas fait l'objet d'un décret d'application n'est pas mis en œuvre. C'est le cas de l'article 16 de la loi d'orientation de 1989 : « Un plan de recrutement des personnels est publié chaque année par le ministre de l'Éducation nationale. Il couvre une période de cinq ans et est révisable annuellement. » Cet article prévoyant un plan de recrutement sur cinq ans, bien que voté par les deux assemblées et publié avec le reste de la loi dans le *Journal officiel*, n'a jamais reçu le moindre début d'application, puisque aucun décret prévoyant les conditions de sa mise en œuvre n'a été publié.

Les décrets d'application d'une loi sont généralement présentés au Conseil d'État avant publication. Celui-ci examine la compatibilité du décret avec le texte de la loi concernée, mais aussi avec les autres lois existantes. C'est ainsi qu'en janvier 1991, sur le décret « Droits et obligations des élèves », le Conseil d'État avait jugé que le texte ne pouvait être en contradiction avec les lois concernant, par exemple, la liberté de la presse ou la liberté d'association puisque celles-ci s'exercent dans l'espace public qu'est un établissement scolaire.

Arrêtés, circulaires et autres notes

Les *arrêtés* sont pris en application des décrets et concernent, notamment, des textes devant être périodiquement revus (calendrier scolaire, programmes, horaires, etc.).

Les *circulaires* précisent le contenu des lois, décrets et arrêtés.

Les *notes de service* sont rédigées par tel ou tel service ministériel.

Tous les textes concernant le système éducatif sont présentés pour avis au Conseil supérieur de l'éducation (CSE). De façon générale une disposition figurant dans un texte ne peut être contradictoire avec une disposition figurant dans un texte de statut hiérarchique supérieur. Ainsi, une circulaire ne peut contredire le texte d'un arrêté, d'un décret ou d'une loi. Au cas où il apparaîtrait à une personne concernée que ce principe n'est pas respecté, elle peut saisir le tribunal administratif pour faire prévaloir le droit.

La loi d'orientation pour l'avenir de l'école

Votée en 2005 à l'initiative de F. Fillon, la loi d'orientation et de programmation pour l'école a mis l'accent sur d'importants dossiers. À l'initiative du ministre Vincent Peillon, une nouvelle loi d'orientation est prévue pour la fin de l'année 2012.

Le socle commun de connaissances et de compétences

- La scolarité obligatoire doit au moins garantir à chaque élève les moyens nécessaires à l'acquisition d'un socle commun, constitué d'un ensemble de connaissances et de compétences qu'il est indispensable de maîtriser pour accomplir avec succès sa scolarité.
- Mesure essentielle de la loi d'orientation et de programme pour l'avenir de l'école, les programmes personnalisés de réussite éducative sont destinés aux élèves éprouvant des difficultés dans l'acquisition du socle commun. Ils peuvent intervenir à tout moment de la scolarité, pour une durée variable et selon les besoins des élèves concernés.

Le haut conseil de l'Éducation (HCE)

Le HCE est composé de neuf membres désignés pour six ans. Son président est nommé par le président de la République. Le HCE émet un avis et peut formuler des propositions à la demande du ministre chargé de l'Éducation nationale sur les questions relatives à la pédagogie, aux programmes, aux modes d'évaluation des connaissances des élèves, à l'organisation et aux résultats du système éducatif, et à la formation des enseignants.

Le conseil pédagogique, la note de vie scolaire

- Un conseil pédagogique est institué dans chaque collège ou lycée. Il a pour mission de favoriser la concertation entre les professeurs, notamment pour coordonner les enseignements, la notation et l'évaluation des activités scolaires.
- Une note de vie scolaire, instaurée deouis 2006, est attribuée aux élèves à chaque trimestre, de la sixième à la troisième. La note de vie scolaire mesure l'assiduité de l'élève, son respect des dispositions du règlement intérieur et sa participation à la vie de l'établissement.

Le remplacement des enseignants

- Pour les remplacements de moins de quinze jours, la loi a prévu que le chef d'établissement demande aux autres enseignants d'assurer le remplacement.
- Un protocole concernant la mise en place de ce dispositif de remplacement de courte durée est adopté dans chaque établissement.

L'intégration des IUFM dans les universités

Les instituts universitaires de formation des maîtres sont assimilés à des écoles faisant partie des universités. En 2010, le Comité national d'évaluation des établissements publics à caractère scientifique, culturel et professionnel a procèdé à une évaluation des modalités et des résultats de l'intégration des instituts universitaires de formation des maîtres au sein des universités.

LE SOCLE COMMUN DE CONNAISSANCES ET DE COMPÉTENCES

Conformément à l'article 9 de la loi d'orientation et de programme pour l'avenir de l'école du 23 avril 2005, le décret définissant le socle commun de connaissances et de compétences, adopté fin juin 2006, précise, après avis du haut conseil de l'Éducation, les connaissances et les compétences à prendre en compte dans chacun de ses sept piliers :

- la maîtrise de la langue française ;
- la connaissance des principaux éléments de mathématiques et la maîtrise d'une culture scientifique ;
- la possession d'une culture humaniste ;
- la pratique d'une langue étrangère ;
- la maîtrise des techniques usuelles de l'information et de la communication ;
- l'acquisition de compétences sociales et civiques ;
- l'accession à l'autonomie et l'acquisition de l'esprit d'initiative.

Ce décret ne se substitue pas aux programmes de l'école primaire et du collège. Il définit ce qu'aucun élève ne doit ignorer à la fin de la scolarité obligatoire et qui, selon la loi, est indispensable « pour accomplir avec succès sa scolarité, poursuivre sa formation, construire son avenir personnel et professionnel, et réussir sa vie en société ».

Les éléments constitutifs du socle sont déclinés pour chaque cycle et pour chaque année de la scolarité dans le cadre d'une adaptation des programmes. À l'intérieur de chaque cycle, ceux-ci sont complétés par des repères annuels, afin que le conseil des maîtres et le conseil de classe puissent évaluer dans quelle mesure l'élève maîtrise les connaissances et compétences, et proposer une aide spécifique aux élèves éprouvant des difficultés dans leur acquisition.

Le ministre de l'Éducation nationale, Gilles de Robien, a précisé le 11 mai 2006 :

« Les objectifs de fin de cycle seront évalués à l'école élémentaire :

- un premier palier, à la fin du cycle des apprentissages fondamentaux, correspondra notamment à l'acquisition de la lecture courante et de l'écriture ;
- un deuxième palier, à la fin de l'école primaire, validera en particulier l'acquisition des règles fondamentales de la grammaire, de la conjugaison, du calcul élémentaire et des quatre opérations. Chaque discipline contribuera à l'acquisition du socle, y compris l'éducation artistique, y compris l'éducation physique et sportive... »

Les objectifs du socle commun de connaissances et de compétences sont aussi déclinés pour la voie professionnelle, notamment pour les élèves encore soumis à la scolarité obligatoire et inscrits en classes préparatoires au CAP ou au BEP. Enfin, la maîtrise des connaissances et des compétences qui constituent le socle commun figure parmi les éléments évalués en vue de l'obtention du diplôme national du brevet.

Le livret personnel de compétences

De l'école primaire à la fin de la scolarité obligatoire, les élèves acquièrent progressivement les compétences et les connaissances du socle commun.

Elles sont validées à **trois moments-clés de la scolarité, trois paliers :** fin du cycle 2 (fin de CE1), fin du cycle 3 (fin de CM2) et fin de la classe de troisième du collège.

Le livret personnel de compétences est un outil de validation des compétences et de suivi personnalisé de l'élève. Il suit l'élève tout au long de sa scolarité. C'est aussi un outil de dialogue avec les familles. Utilisé dans les écoles primaires depuis 2008, il est généralisé à tous les collèges à la rentrée 2010.

Tous les enseignants participent à l'évaluation des élèves, sur les sept compétences du socle. La maîtrise des compétences est validée par l'ensemble de l'équipe pédagogique et attestée par le chef d'établissement.

L'enseignement privé

L'enseignement privé représente environ 17 % de l'ensemble des élèves scolarisés dans le premier et le second degrés. Il concerne plus de 2 millions d'élèves, 800 000 familles et 110 000 enseignants. Sa longue histoire fut traversée par nombre de querelles avec l'État et l'école laïque.

La liberté de l'enseignement

Les lois Jules Ferry instituant l'école primaire, publique, laïque, gratuite et obligatoire n'ont pas remis en cause le principe de liberté de l'enseignement. Ce dernier est garanti, en France, par la Constitution.

L'enseignement privé, essentiellement catholique, a été mis à mal par les lois de 1901, 1904 et 1905, qui ont laïcisé un certain nombre d'établissements gérés par les congrégations catholiques. Un enseignement privé catholique va subsister dans un certain nombre de régions (nord de la France, Ouest, sud du Massif Central), où bien des villages et des familles seront déchirés entre ceux qui fréquentent « la laïque » et ceux qui fréquentent l'école « libre ».

La loi Debré

Après la Seconde Guerre mondiale, avec l'accroissement de la scolarisation, notamment dans l'enseignement secondaire, la question de l'association des établissements privés au service public de l'Éducation nationale est posée. Elle revêt deux formes : l'intégration pure et simple, que revendique le camp dit « laïque » et le conventionnement avec l'État.

La loi Debré du 31 décembre 1959 a pour objectif de rapprocher l'enseignement public et l'enseignement privé, tout en concédant des avantages au privé en échange de contreparties. Elle pose le principe du financement public du privé à condition de pouvoir exercer un contrôle. L'instrument de ce contrôle est le contrat d'association qui réunit l'établissement privé au service public. Les lois du 1er juin 1971 et du 25 novembre 1977 ont modifié celui-ci dans un sens nettement favorable à l'enseignement privé.

Le projet Savary

Ce projet (1984) comporte notamment un processus d'intégration des établissements privés dans des structures de gestion communes avec les établissements publics et l'obtention du statut de fonctionnaire pour les maîtres du privé. Il provoque l'opposition résolue des partisans de l'enseignement privé et aboutit à une manifestation d'un million de participants le 24 juin 1984 à Paris. Devant cette opposition, le président de la République retire le texte.

L'apaisement des querelles

Dès lors, la politique est à l'apaisement. Le gouvernement se contente d'adopter les textes réglementaires à la nouvelle donne des lois de décentralisation. Il aligne, en 1993, le recrutement et la formation des maîtres de l'enseignement privé sur ceux des enseignants du public, en créant le Certificat d'aptitude aux fonctions d'enseignant du privé (Cafep) avec les mêmes épreuves, les mêmes jurys et les mêmes préparations en IUFM que pour le Capes.

LE CONTRAT D'ASSOCIATION

Définition

Le contrat d'association prévu par la loi Debré en 1959 signifie que l'école privée est associée au service public de l'Éducation nationale. L'État prend en charge la rémunération des maîtres et les dépenses de fonctionnement. La gestion est assurée par une association propriétaire ou locataire des locaux. Dans le cas des écoles catholiques, le gestionnaire est l'Organisme de gestion des écoles catholiques (Ogec). La presque totalité (94 %) des établissements privés sont sous contrat d'association. Les autres sont dits « hors contrat ».

Les conditions

Le contrat d'association repose sur des conditions précises :

– un délai de fonctionnement de l'établissement : celui-ci doit fonctionner depuis cinq ans ; ce délai peut être ramené à un an pour les établissements implantés dans les quartiers nouveaux des zones urbaines comprenant au moins 300 logements neufs ;

– les maîtres ont les titres exigés pour les emplois correspondants de l'enseignement public ;

– les locaux doivent remplir des conditions de parfaite salubrité ;

– le besoin scolaire doit être reconnu ;

– le respect de l'article premier de la loi Debré, indiquant que « l'établissement, tout en conservant son caractère propre, doit donner son enseignement dans le respect total de la liberté de conscience. Tous les enfants, sans distinction d'origine, d'opinions ou de croyance, y ont accès ». Le contrat est signé entre le directeur de l'établissement d'enseignement privé, la personne responsable de la gestion de cet établissement et le préfet.

Il n'y a pas de possibilité de rupture du contrat d'un maître de l'enseignement privé sans l'accord des autorités académiques, après avis des commissions consultatives mixtes réunissant représentants du personnel, représentants des employeurs du privé, administration de l'Éducation nationale.

Les structures représentatives

L'enseignement privé s'est doté de structures représentatives très efficaces :

– une association de parents d'élèves en situation de quasi-monopole ; l'Union nationale des parents d'élèves de l'enseignement libre (Unapel) ;

– un Comité national de l'enseignement catholique (CNEC), regroupant toutes les structures et les institutions de l'enseignement catholique et présidé par le secrétaire général de l'enseignement catholique, nommé par l'épiscopat français ;

– l'Association parlementaire pour la liberté de l'enseignement (Apel), qui multiplie les interventions en faveur de l'enseignement privé.

Les établissements d'enseignement privé

Si les établissements d'enseignement privé jouissent toujours d'une réputation de sérieux parmi les parents, ils cherchent de plus en plus à se définir par un projet pédagogique précis.

Les règles de fonctionnement

- L'enseignement est assuré par un corps professoral nommé par les autorités rectorales sur proposition du chef d'établissement, qui assume la responsabilité de l'établissement et de la vie scolaire. Le chef d'établissement constitue donc son équipe en harmonie avec le projet éducatif de l'école. Il conserve un pouvoir de supérieur pédagogique sur le corps enseignant recruté depuis 1994 par le concours du Cafep.
- L'enseignement dispensé est apprécié par l'autorité académique. Les classes sous contrat d'association doivent respecter les programmes et les règles générales appliquées dans l'enseignement public en matière d'horaires, sauf dérogation accordée par le recteur en considération de l'intérêt présenté par une expérience pédagogique.
- L'État rémunère les maîtres et prend en charge les dépenses de fonctionnement des classes sous contrat d'association, sous la forme d'une contribution forfaitaire versée par élève et par an et calculée selon les mêmes critères que pour les classes correspondantes de l'enseignement public. C'est le forfait d'externat.

L'enseignement catholique

- En 1992, l'enseignement catholique a rénové ses statuts pour réaffirmer la prééminence de l'évêque, maître de son diocèse. Ce dernier a décentralisé le comité national de l'enseignement catholique en mettant en place des comités académiques travaillant avec les comités diocésains de l'enseignement catholique (Codiec).
- En mai 1996, l'Unapel a adopté une nouvelle «charte éducative» centrée sur le projet personnel des jeunes. Ce document est un appel à la responsabilité des familles, des communautés éducatives et des collectivités publiques.
- L'enseignement catholique a tenu en 2001 des Assises où il a affirmé son rôle en matière d'innovation pédagogique et de prise en charge des divers publics.

Quelques chiffres

- 93% des établissements privés dont 98% des établissements sous contrat sont gérés par l'enseignement catholique, une cinquantaine sont israélites, une dizaine protestants. Il existe également un certain nombre d'écoles privées laïques, regroupées en une Fédération nationale des écoles privées laïques.
- En 2002, l'enseignement privé catholique regroupe 5238 écoles maternelles et élémentaires, 1633 collèges, 1206 lycées et 528 lycées professionnels qui accueillent 857000 élèves dans le premier degré et 1113000 dans le second degré. 40085 enseignants travaillent dans les écoles primaires et 90533 dans les collèges et lycées.

LES RAISONS DES FAMILLES QUI SCOLARISENT DANS LE PRIVÉ

Le choix des familles

L'enseignement privé reste soumis à chaque rentrée aux aléas du choix des familles. On constate, pour simplifier, deux types de clientèle :

– une clientèle « stable », motivée par des raisons religieuses ;

– une clientèle de « zappeurs », circulant entre enseignement public et privé, guidée par des stratégies de consumérisme scolaire.

La clientèle « stable »

La clientèle stable est celle qui exerce réellement un choix d'école. Selon une étude de l'Insee de mai 1996, 20 % des familles françaises développent de véritables stratégies de recherche d'un établissement : 10 % dans le public, 10 % dans le privé. Le lien entre le choix de l'école privée et le degré d'implication dans la religion est fort : « les ménages pratiquants font ce choix quatre fois plus souvent que les ménages indifférents à la religion. » Indépendamment des motivations religieuses, l'ambition des parents reste un ressort majeur du recours à l'enseignement privé.

Néanmoins, depuis plusieurs années, le privé catholique perd des bastions sous l'effet du déclin démographique dans les zones rurales. Cette évolution oblige à procéder à des mesures de redéploiement de ses écoles et de ses petits collèges.

Les « zappeurs »

Les zappeurs sont ceux qui considèrent l'enseignement privé comme un « lieu de passage » entre deux scolarisations dans le public. De 1989 à 1995, chaque année, les flux public-privé et privé-public représentent plus de 250000 élèves, et 9 % environ des effectifs du privé partent vers le public. Les motivations ne sont pas d'ordre confessionnel. Le transfert du public au privé y apparaît comme un recours en cas d'échec ou comme élément de stratégie scolaire des familles. On remarque, par exemple, que des élèves quittent le plus souvent le privé, avant le baccalauréat, pour passer ce diplôme dans un « bon » lycée public afin de postuler à une classe préparatoire.

Si chaque année, 17 % des élèves sont scolarisés dans le privé, 37 % d'une génération d'élèves a au moins passé un an de sa scolarité dans le privé.

Une différenciation sociale avec l'enseignement public

L'enseignement privé se différencie socialement de l'enseignement public. On remarque, par exemple, que le pourcentage d'élèves d'origine étrangère est beaucoup plus important dans le public (10 %) que dans le privé (2 %), que les sections d'éducation spécialisée (SES - Segpa) sont implantées presque exclusivement dans les établissements publics, qui accueillent 97,4 % de la population concernée. Par ailleurs, on a constaté depuis longtemps que les enfants de chefs d'entreprise et des professions libérales fréquentent plus que la moyenne l'enseignement privé, et que ces deux catégories gèrent les choix d'école les plus « actifs » (c'est-à-dire pour des raisons autres que la proximité). Les responsables de l'enseignement catholique se demandent comment gérer une situation qui risque d'entraîner un écartèlement entre un consumérisme scolaire touchant l'enseignement privé et la volonté de l'enseignement catholique de maintenir son projet chrétien.

Le financement de l'Éducation nationale

En France, l'essentiel du financement de l'Éducation nationale provient du budget de l'État ou des collectivités territoriales, beaucoup plus que des entreprises.

La part des dépenses d'éducation en 2009

Les dépenses de formation représentent 6,9% du produit intérieur brut. La France occupe, de ce point de vue, une position moyenne entre la Suède (7,9%) et le Japon (4,6%). La caractéristique de la dépense intérieure d'éducation en France est la proportion très importante des fonds publics dans son financement. En 2009, cette part représente 83,8% des dépenses. Le financement par les entreprises est en revanche beaucoup plus faible en France (6,4%) que dans les autres pays développés. Les dépenses d'éducation en France représentent 2050 euros par habitant.

Le coût d'un élève

- En France, le coût moyen d'un élève est sensiblement inférieur à celui des autres pays développés. Il représente 7990 euros par élève en 2009. De 1980 à 2009, la dépense moyenne d'un élève du premier degré a augmenté de 52% (5690 euros en 2009), celle consacrée à un élève du second degré de 62% (9380 euros en 2009), celle consentie à un étudiant de l'enseignement supérieur d'environ 66% (11260 euros en 2009).
- Depuis 1982, la dépense pour l'enseignement supérieur a connu une forte croissance : la France a consacré 26,3 milliards d'euros à l'enseignement supérieur en 2009.
- Au niveau international, la France se situe, pour le second degré, dans le groupe des pays où la dépense moyenne est élevée ; pour l'enseignement supérieur, parmi les pays dont les dépenses sont les plus faibles ; pour le premier degré, parmi les pays dont les dépenses sont juste en dessous de la moyenne.
- La dépense globale pour l'éducation en France représente 132,1 milliards d'euros en 2009. Le ministère de l'Éducation nationale dépense pour sa part plus de 70 milliards d'euros, ce qui représente 54,1% des dépenses d'éducation.
- La part des collectivités locales est restée relativement stable depuis les lois de décentralisation des années 1980 : entre 20 et 21%.

La dépense intérieure d'éducation

Elle représente toutes les dépenses effectuées pour les activités d'éducation : activités d'enseignement scolaire et extrascolaire de tous niveaux, activités visant à organiser le système éducatif (administration générale, orientation, documentation pédagogique et recherche sur l'éducation), activités destinées à faciliter la fréquentation scolaire (cantines, internats, médecine scolaire, transports) et dépenses demandées par les institutions (fournitures, livres, habillement). Entre 1975 et 2009, la part de la dépense du supérieur dans la dépense intérieure d'éducation s'est accrue pour atteindre 19,9% en 2009. Cette croissance a suivi jusqu'en 1999 l'augmentation des effectifs, et s'est poursuivie ensuite, bien que les effectifs restent stables.

LA DÉPENSE POUR L'ÉDUCATION

La part de chacun

La dépense intérieure d'éducation est évaluée pour 2009 à 132,1 milliards d'euros et représente 6,9 % du produit intérieur brut (PIB). Elle représentait, en 1997, 7,6 % du PIB.

La part de l'État n'a cessé de baisser depuis 1985 et les lois de décentralisation : 65,4 % en 1985 et 59,2 % en 2009.

	1980	1990	2000	2009
Dépenses en euros constants	71,4 milliards	93,1 milliards	125,1 milliards	132,1 milliards
État	69,1%	63,7%	65,2%	59,2%
Collectivités territoriales	14,2%	18,5%	19,9%	24,6%
Autres administrations publiques et Caisses d'allocations familiales	0,4%	0,7%	2,1%	1,6%
Entreprises	5,5%	5,9%	5,4%	6,7%
Ménages	10,8%	11,2%	7,4%	7,9%

Le coût d'un élève

Les dépenses moyennes par élève correspondent surtout à des dépenses de personnels. Les écarts résultent des différences de taux d'encadrement, de statut des enseignants (rémunérations et obligations de service), des caractéristiques de chaque type d'enseignement et de l'importance des investissements réalisés. Les dépenses de fonctionnement matériel sont plus importantes pour les formations techniques, surtout pour le travail en petits groupes dans les ateliers, sur des machines ou sur des ordinateurs. L'encadrement y est également plus important, car on ne peut prévoir plus de vingt personnes travaillant sur du matériel alors que dans des formations « générales », des centaines d'étudiants peuvent « s'entasser » dans un amphithéâtre. Il est à noter que la France est un des rares pays à avoir le coût d'un étudiant à l'université inférieur à celui d'un élève en collège et en lycée.

Coût d'un élève par an (rentrée 2009)

Enseignement pré-élémentaire	5370 €
Enseignement élémentaire	5770 €
Second degré premier cycle	8020 €
Second degré second cycle :	
– général et technologique	11400 €
– professionnel	11810 €
Post-bac :	
– Section de techniciens supérieurs (BTS)	13730 €
IUT	9800 €*
Classes préparatoires	14850 €
Universités	10220 €

** La réforme de la LOLF ne permet plus de repérer les dépenses des IUT, qui sont intégrés aux universités depuis 2006.*

L'évaluation du système éducatif

Le système éducatif évalue les élèves grâce au contrôle continu et avec l'aide de ses personnels soutenus par les corps d'inspection sous l'égide de la DEP.

L'évaluation des élèves

- Pour les élèves, l'évaluation revêt la forme du contrôle continu, voire de l'examen (brevet, baccalauréat). Les enseignants ont désormais le souci que cette évaluation soit plus souvent sommative que formative.
- Depuis 1990, le ministère de l'Éducation a mis en place une évaluation des élèves entrant en CE2, en classes de 6e et de seconde. Ces évaluations portent, suivant les niveaux, sur la maîtrise de la langue, les mathématiques et diverses matières. Elles se font à partir de cahiers de questions élaborées au niveau national, les enseignants de chaque classe assurant la correction des épreuves. Ces évaluations aident les enseignants à dresser un diagnostic des difficultés de leurs élèves en leur montrant où ils se situent par rapport aux exigences nationales et quels remèdes peuvent être trouvés.

L'évaluation des personnels et des établissements

- Pour les personnels de l'Éducation nationale, l'évaluation individuelle est du ressort des corps d'inspection.
- L'Inspection générale de l'Éducation nationale (Igen) et l'inspection générale de l'administration de l'Éducation nationale (Igaen) ont vocation à évaluer le fonctionnement du système éducatif, la première essentiellement dans le domaine pédagogique, la seconde dans celui de la gestion. Chacune des deux inspections établit un rapport annuel.

L'évaluation du fonctionnement

- Les établissements et leurs personnels souhaitent de plus en plus pouvoir évaluer eux-mêmes leurs résultats, leurs activités, leurs innovations. La loi d'avril 2005 a créé un haut conseil de l'Éducation présidé par Bruno Racine. Il a une mission d'expertise, de synthèse et de propositions.
- Pour qu'un projet puisse être évalué, il faut une transparence de l'analyse, du diagnostic et du suivi, d'autant qu'aujourd'hui, la demande publique est très exigeante quant aux résultats et à l'efficacité des établissements scolaires, comme en témoigne le succès des palmarès d'établissements publiés dans la presse.
- La question des outils dont les établissements ont besoin pour élaborer, évaluer et suivre leur projet est posée. Des indicateurs de performance des lycées et des indicateurs pour le pilotage des établissements du second degré (Ipes) commencent à être mis en œuvre.
- Concernant l'évaluation du système éducatif, la Direction de l'évaluation et de la prospective (DEP) joue un rôle de plus en plus important à travers ses publications : *L'État de l'école*, *La Géographie de l'école*, les notes d'information, la revue *Éducation et Formations*, etc.

L'ÉVALUATION D'UN ÉTABLISSEMENT

Les indicateurs de performance

La Direction de l'évaluation et de la prospective (DEP) établit et publie chaque année des indicateurs de performance des lycées, concernant les baccalauréats. Elle calcule pour chaque établissement un taux de réussite attendu, auquel elle compare le taux constaté en procédant ainsi :

a) elle mesure, par établissement, les résultats aux examens rapportés au nombre des candidats, ce qui permet d'obtenir le taux brut de réussite ;

b) à partir du profil des élèves par profession, catégorie socioprofessionnelle, âge et en fonction de la structure de l'établissement, elle détermine les taux théoriques attendus. Ce taux correspond aux résultats qu'auraient les élèves s'ils réussissaient comme la moyenne des élèves de même profil en France (taux national) ou dans l'académie (taux académique).

Mieux situer les établissements les uns par rapport aux autres

Un autre indicateur est donné pour les lycées. Il s'agit du taux d'accès des élèves de seconde au baccalauréat. Ce taux indique la proportion d'élèves entrés en seconde, conduits en terminale et obtenant le baccalauréat.

Avec la même démarche que celle concernant les bacheliers, on détermine alors la performance de l'établissement dans ce domaine.

Pour la Direction de l'évaluation et de la prospective, les établissements qui ont un taux constaté supérieur au taux attendu créent de la valeur ajoutée.

Ces calculs permettent aux établissements de mieux se situer les uns par rapport aux autres et par rapport à leur public.

Il existe également des indicateurs pour le pilotage des établissements du second degré (Ipes) comme :

– les horaires hebdomadaires d'enseignement par élève ;

– les horaires hebdomadaires d'enseignement et d'éducation (heures d'animation péri-éducatives, de surveillance, d'études dirigées, etc.).

Les autres critères d'évaluation d'un établissement

Le ministère de l'Éducation a aussi introduit un certain nombre de critères permettant d'attribuer des moyens supplémentaires aux établissements en raison des difficultés qu'ils peuvent rencontrer sur le terrain.

Parmi ces critères figurent :

– le taux d'élèves issus de catégories socioprofessionnelles défavorisées ;

– le taux d'élèves boursiers ;

– le taux d'élèves d'origine étrangère ;

– le taux d'élèves en retard scolaire de plus de deux ans à l'entrée en 6e.

D'autres critères peuvent être interrogés pour évaluer ou faire le diagnostic d'un établissement :

– le pourcentage de demi-pensionnaires, un critère très pertinent pour connaître la situation sociale réelle des familles ;

– le pourcentage d'élèves « évitant » l'établissement en étant scolarisés dans d'autres établissements ;

– le taux de stabilité des équipes pédagogiques en regardant, chaque année, le pourcentage d'enseignants qui demandent leur mutation ;

– la situation de l'établissement, en prenant en compte son enclavement, les moyens de transport qui le desservent, son ouverture sur le quartier ou un environnement plus large ;

– la taille de l'établissement, etc.

L'Europe de l'éducation

En 1957, le traité de Rome n'avait pas prévu de textes concernant l'éducation de la jeunesse. Depuis, l'Union européenne a rectifié ce manque en développant toute une série d'actions pour accroître la formation et trouver de nouvelles formes de coopération en matière d'éducation.

Les différentes structures

Le Centre européen pour le développement de la formation professionnelle (Cedefop) a été créé en 1975. Il a pour tâche l'information sur la formation professionnelle en Europe, la recherche sur les innovations, la concertation entre les organismes et organisations de divers pays. Ces tâches se concentrent actuellement sur :

- la mise en œuvre d'outils d'information concernant les qualifications et les profils professionnels ;
- le développement de programmes régionaux de formation ;
- le développement de l'orientation professionnelle ;
- l'étude comparative des professions de formateurs et de leur formation initiale et continue.

D'autres structures européennes se sont peu à peu développées dans le domaine de l'éducation, entre 1980 et 1990. C'est ainsi que tous les ministres de l'Éducation de la Communauté se réunissent régulièrement pour échanger des informations sur les réformes en cours dans les divers pays et les problèmes rencontrés.

La Commission européenne a mis en place un Commissariat à l'éducation et à la formation qui dispose de crédits pour financer divers projets.

Les écoles européennes

Des écoles européennes ont été instituées, notamment à Bruxelles, Bruges et Florence. Elles visent à permettre aux jeunes qui les fréquentent d'être prêts à s'insérer dans tous les pays d'Europe. Elles sont aidées par le Commissariat à l'éducation et à la formation.

Leurs programmes se veulent une synthèse de ce qui existe dans les divers pays.

La mobilité en Europe

Le fonds social européen finance de nombreux programmes de formation. La Commission européenne a mis en place un dispositif de consultation et de concertation comprenant un comité d'éducation chargé d'examiner ses propositions, de développer la coopération, de promouvoir les échanges d'informations. Dans ce comité d'éducation siège la commission avec les représentants des États membres. Un comité consultatif pour la formation professionnelle, présidé par la commission et composé de représentants des gouvernements, des employeurs et des travailleurs, existe également.

La reconnaissance du droit des enseignants à exercer leur profession dans tous les autres pays membres est devenue effective. C'est ainsi que, depuis 1993, tous les étudiants d'un autre pays membre de la Communauté justifiant de trois années d'études universitaires peuvent se présenter en France au concours de recrutement des enseignants du premier comme du second degré.

LES DIFFÉRENTS PROGRAMMES EUROPÉENS

Socrates

Les divers programmes de l'Union européenne sont regroupés dans le programme Socrates qui vise à « contribuer au développement d'une éducation et d'une formation initiale de qualité, d'un espace européen ouvert de coopération en matière d'éducation ».

Erasmus *(European Strategic Programm Scheme for the Mobility of University Students)*

Il a pour objectif principal de promouvoir la mobilité des étudiants en leur permettant de suivre un an de leur formation dans une université d'un pays de l'Union européenne, et la coopération entre les divers établissements d'enseignement supérieur d'Europe.
Dans le cadre de ce programme a été mis en place un système d'unités capitalisables d'enseignement, transférables dans les établissements supérieurs d'autres pays membres.

Lingua

Lingua a pour but de promouvoir la connaissance des langues étrangères dans les pays de la Communauté. Elle développe des projets pour :
- la formation continue des professeurs de langues étrangères ;
- l'apprentissage des langues étrangères à l'université ;
- la connaissance des langues étrangères dans les relations professionnelles et économiques ;
- les échanges d'élèves.

Leonardo da Vinci

Ce programme mis en œuvre de 2000 à 2006 promeut la qualité des parcours de formation professionnelle par le biais de la coopération transnationale et de l'innovation.
Il vise également à favoriser l'insertion des jeunes et des adultes sur le marché européen du travail et à développer la coopération entre les établissements de formation et les entreprises.

Grundtvig

Ce programme s'adresse aux organismes travaillant avec des jeunes de 16 à 25 ans ou des adultes ayant quitté le système éducatif initial sans qualification, ni connaissances de base suffisantes.

Minerva

Cette action encourage l'éducation à distance ainsi que l'utilisation des nouvelles technologies de l'information et de la communication.

Arion

Il s'agit en 2002-2003 de promouvoir les innovations pédagogiques en Europe en facilitant l'échange d'informations et d'expériences entre responsables et spécialistes de l'éducation.

Comenius

Comenius a pour but de créer, sur l'ensemble des questions concernant la formation, des réseaux d'établissements du premier et du second degré dans les différents États de l'Union. Il s'agit de présenter à la commission concernée des projets éducatifs relevant des actions retenues comme prioritaires par la commission. Pour chaque projet, la candidature doit être présentée par l'établissement coordinateur au nom des établissements participants, auprès de son agence nationale (pour la France, le Cnous).

Eurydice

Eurydice étudie l'état des divers systèmes éducatifs européens.
Depuis 1990, les moyens de ce réseau européen d'informations sur l'éducation, véritable banque de données sur les systèmes éducatifs, ont été renforcés.

La diversité des systèmes européens

En Europe, chaque pays a un système éducatif avec une organisation du parcours scolaire et des certifications particulières, en raison de la structure de son État et de l'histoire de sa scolarisation.

La laïcité

La France est un des seuls pays à pratiquer, sauf dans le Bas-Rhin, le Haut-Rhin et la Moselle, la laïcité à tous les niveaux du système éducatif et à ne pas proposer un enseignement des religions en dehors de l'enseignement privé confessionnel. La plupart des autres pays européens inscrivent des cours de religion dans leur système éducatif. Les professeurs sont choisis parmi les responsables des différents cultes. Pour les élèves qui ne veulent pas suivre ces cours, des cours de morale ou d'éducation civique sont mis en place.

Centralisation ou décentralisation?

- Si l'on regarde les structures des divers systèmes éducatifs, on peut séparer l'Europe en deux: pays du Nord et pays du Sud.
- Les pays du Nord (Suède, Finlande, Norvège, Pays-Bas, Royaume-Uni, Allemagne, Belgique, Luxembourg) ont une politique très décentralisée au niveau local, pouvant aller jusqu'à la définition des contenus d'enseignement et au recrutement des personnels.
- Les pays du Sud (France incluse) restent attachés à un pouvoir central responsable des orientations politiques, des programmes, des diplômes et des recrutements. L'effort de décentralisation est surtout administratif.

Les contenus des programmes

- Des différences considérables existent entre les divers pays de l'Union européenne. On peut distinguer quatre approches.
- *Les programmes en fin de cycle*: seuls sont spécifiés les niveaux de connaissances et de compétences exigés de l'élève en fin de cycle. Ils sont en vigueur aux Pays-Bas et au Royaume-Uni.
- *Les programmes nationaux «adaptables»*: chaque instance (État, région, province, commune, établissement scolaire) se voit allouer un pourcentage de l'horaire global d'enseignement, pour lequel elle établit son programme. La part affectée à chaque instance peut varier selon les niveaux d'enseignement. L'Espagne, le Danemark, la Belgique, l'Irlande, le Luxembourg sont concernés par ce système, tout comme les pays scandinaves.
- *Les programmes régionaux inscrits dans un cadre national*: chaque région fixe librement les contenus des programmes à l'intérieur d'un cadre souple défini par l'État. C'est ce qui se passe en Allemagne et en Autriche.
- *Les programmes nationaux*: les décisions concernant les horaires, les disciplines, les contenus sont prises au niveau national et sont appliquées dans tous les établissements scolaires. Ce système fonctionne en France, en Italie, en Grèce et au Portugal.

TEMPS D'ENSEIGNEMENT SUR UNE JOURNÉE SCOLAIRE ENSEIGNEMENT PRIMAIRE

Comparaison des horaires de scolarité en Europe pour des enfants âgés de 9 ans

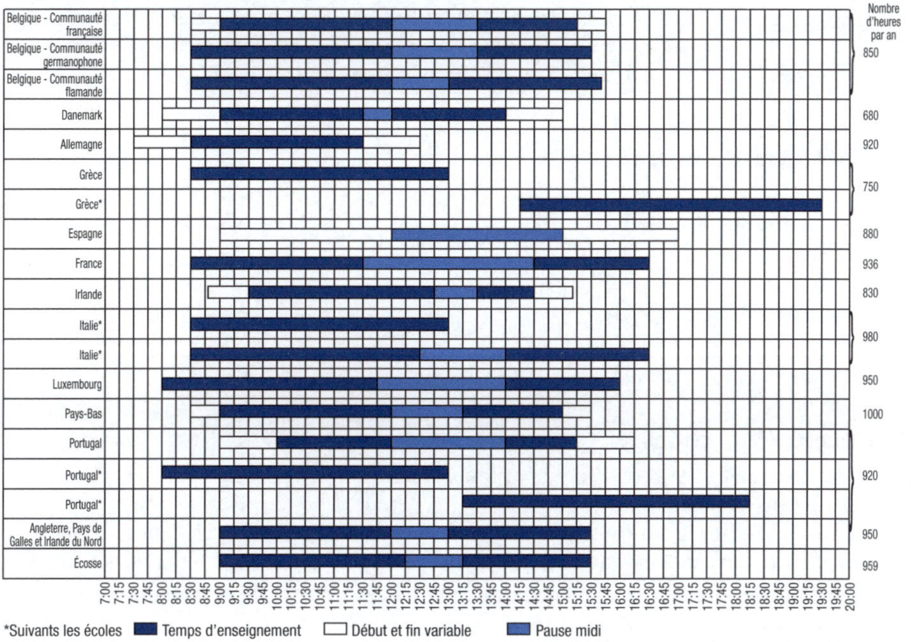

Source : Eurydice, 1995.

La comparaison entre la journée de classe et le temps d'enseignement annuel d'un élève de 9 ans dans les divers pays d'Europe montre que la plupart des pays européens scolarisent leurs enfants dès 8h30, mais que ce sont la France et l'Espagne qui les libèrent le plus tard (16h30 pour la France, 17h pour l'Espagne). Ces sorties tardives s'expliquent par l'obligation d'un arrêt entre 11h45 et 13h30 pour la France et midi et 15h pour l'Espagne. Si la durée de cette pose était réduite à 45 ou 60 minutes, ces deux pays seraient dans l'horaire journalier moyen des autres pays européens.

Les évaluations PISA

(Programme International Sur les Acquis des élèves)

Ces évaluations réunissent plus de 40 pays à l'initiative de l'OCDE.

Ces évaluations nous apprennent que l'élève français maîtrise mieux les connaissances que les compétences : « Dans la catégorie des « **connaissances** », les scores placent la France significativement au-dessus de la moyenne de l'OCDE [...]. Dans la compétence vérifiant la capacité **à utiliser les connaissances qui conviennent dans une situation donnée**, les résultats des élèves français se situent significativement en dessous de la moyenne de l'OCDE [...]. »

L'élève français n'ose pas répondre à certaines questions ouvertes par peur de l'erreur trop stigmatisée dans notre système éducatif. L'élève français n'a pas confiance en lui.

Former des citoyens

Si l'école apporte des savoirs, elle enseigne aussi des comportements. Du cours de morale à l'éducation de la citoyenneté, elle a toujours essayé de sensibiliser les jeunes à leur devoir de citoyen. Cette démarche est plus que jamais nécessaire à une époque où, dès 18 ans, ils sont juridiquement responsables.

Les cours de morale

L'école primaire instituée par Jules Ferry dispensait des cours de morale. Chaque matin, l'instituteur présentait une maxime pour inspirer aux jeunes le respect de valeurs ayant trait à l'amour de la patrie et de la République.

L'instruction civique

Après la Seconde Guerre mondiale, l'accent fut mis sur la connaissance des institutions de la République : mairie, conseil général, Parlement, Constitution.

L'éducation civique

- Dans les années 1970 et 1980, la volonté d'impliquer les jeunes a amené l'Éducation nationale à concevoir une éducation civique qui permettait d'aborder les grandes questions du monde contemporain. C'est ainsi qu'à la fin des années 1970, l'éducation civique s'est retrouvée diluée dans le programme d'histoire-géographie, appelé alors « sciences humaines ».
- Au milieu des années 1980, l'éducation civique rentre dans les programmes de l'école élémentaire et du collège avec la volonté :

– de faire comprendre les règles de la vie sociale et politique ;

– d'aborder les savoirs relatifs aux instructions, aux lois, aux principes et valeurs qui fondent et organisent la démocratie et la République ;

– d'apprendre ce que signifient les droits de l'homme, le sens de l'exercice des responsabilités individuelles et collectives, les droits et les devoirs du citoyen ;

– de s'approprier des règles de vie, d'exercer son esprit critique, son jugement, et de pratiquer l'argumentation.

L'éducation à la citoyenneté

- Comme l'ont rappelé les textes des nouveaux programmes de collège, toutes les disciplines contribuent à l'éducation civique, « c'est l'ensemble de la communauté éducative qui a une responsabilité d'éducation à la citoyenneté », les savoirs disciplinaires portent en eux des contenus civiques spécifiques à leur objet.
- Aussi, pour faire prendre conscience aux élèves de la notion de citoyenneté, pour les former à la pratique et aux modalités de la représentation en vigueur dans le monde du travail ou dans le monde associatif, la formation des élèves délégués de classe joue un rôle important. Par la mise en place de la conférence des délégués des élèves, par l'installation de la maison des lycéens, par l'étude des décrets sur les droits et obligations des lycéens, notamment en matière de liberté d'expression, d'association, de réunion, de presse, les élèves peuvent avoir une vraie pratique de la citoyenneté.

ÉDUCATION CIVIQUE ET ÉDUCATION À LA CITOYENNETÉ

Pour une éducation civique authentique

Une éducation civique authentique doit avoir trois dimensions : une éducation à la civilité, une éducation à la vie sociale et une éducation politique qui initie à la compréhension de la vie politique, aux institutions et à leur fonctionnement. L'éducation civique étant par nature un lieu de tensions et de contradictions, deux écueils sont à éviter impérativement : penser que la connaissance des institutions puisse tenir lieu d'éducation civique et croire que les règles de comportement sans finalité civique claire puissent tenir lieu d'enseignement.

Le but de cet enseignement est de faire comprendre que les démentis de la réalité ne rendent pas caduques les valeurs de la Déclaration des droits de l'homme, mais demandent au contraire qu'on les considère toujours comme un idéal pour lequel il est nécessaire d'agir en permanence, faute de quoi elles s'éloignent.

Faire des citoyens responsables

L'école aujourd'hui est sans doute le seul lieu, depuis la suppression du service national, où le citoyen peut advenir. Elle ne forme pas elle-même une communauté de citoyens, mais chacun doit pouvoir y découvrir peu à peu les enjeux de sa vie de citoyen et commencer à comprendre les choix dont il aura la responsabilité.

Les nouveaux programmes du collège s'inscrivent dans cette démarche. Ils proposent une double progression de la classe de 6e à la classe de 3e, de la personne au citoyen et à la République, soit du plus concret au plus abstrait.

À la rentrée 1999, un enseignement d'**Éducation civique, juridique et sociale** est mis en place dans les lycées. Quatre thèmes sont privilégiés : citoyenneté et civilité ; citoyenneté et intégration ; citoyenneté et travail ; citoyenneté et transformation des liens familiaux.

Des semaines d'« initiatives citoyennes pour apprendre à vivre ensemble » sont organisées dans les écoles, collèges, lycées pour sensibiliser les élèves à la morale civique et à la prévention des incivilités et de la violence.

Les épreuves du Brevet des collèges comportent à partir de la session 1999 une ou deux questions d'éducation civique pour tous les élèves.

Les programmes du collège

Cycle d'adaptation	Cycle central		Cycle d'orientation
6e Droits et devoirs de la personne	5e Égalité, solidarité, sécurité	4e Libertés, droits, justice	3e Citoyenneté, démocratie
Le sens de l'école. L'élève est une personne qui a des droits et des obligations. La responsabilité vis-à-vis du cadre de vie, de l'environnement et du patrimoine.	L'égalité devant la loi, le refus des discriminations, la citoyenneté de la personne. L'esprit de solidarité, la solidarité instituée. La sécurité au collège et dans la vie quotidienne.	*Les libertés et les droits* – les libertés individuelles et collectives, – des droits de nature différente, – les enjeux de l'information. *La justice en France* *Les droits de l'homme et l'Europe*	*Le citoyen de la République française* – la citoyenneté, la nationalité, – les institutions de la Ve République, la défense nationale, *Le citoyen français et le monde* La notion de société démocratique

Les niveaux d'enseignement

Tout élève fréquente quatre niveaux d'enseignement et rencontre deux types d'enseignants : les instituteurs ou professeurs d'école et les professeurs de lycée et collège (certifiés ou agrégés).

L'école maternelle

L'école maternelle scolarise la quasi-totalité des enfants de 3 à 6 ans (20 % des enfants de 2 ans). Elle est organisée en trois sections : petite, moyenne et grande ; qui forment un cycle : *le cycle des apprentissages premiers.*

La grande section de maternelle relève également, afin de faciliter la transition vers l'école élémentaire, du cycle des apprentissages fondamentaux.

L'école élémentaire

Pour les 80 % des enfants qui ne redoublent pas, l'école élémentaire dure cinq ans. Elle comprend deux cycles, chacun sous la responsabilité d'un maître unique.

Le cours préparatoire et le cours élémentaire première année forment, avec la grande section de maternelle, *le cycle des apprentissages fondamentaux.*

Le cours élémentaire deuxième année et le cours moyen (première et seconde année) forment *le cycle des approfondissements.*

Le collège

Durant les quatre années de la scolarité au collège, l'élève va connaître trois cycles :
– un cycle d'adaptation qui concerne la classe de 6e ;
– un cycle central correspondant aux classes de 5e et de 4e ;
– un cycle d'orientation pour la classe de 3e.

Le collège est le moment où le jeune va être confronté à l'orientation. Il y rencontre un enseignement basé sur des disciplines, avec un enseignant différent pour chacune d'entre elles. À la fin de la 3e, il passe le Brevet des collèges.

Le lycée

Après le collège, l'adolescent peut choisir :

– la voie professionnelle ; dans ce cas, il sera scolarisé en lycée professionnel pour préparer en deux ans un Brevet d'études professionnelles (BEP) ou un Certificat d'aptitude professionnelle (CAP) ou préparer en trois ans un baccalauréat professionnel ;

– la voie générale ou technologique, qui scolarise l'enfant en lycée d'enseignement général et technologique (LEGT) où, après une seconde dite indifférenciée mais avec des possibilités d'options, il choisira, pour le cycle première-terminale, soit la voie générale (vers un bac littéraire, économique ou scientifique), soit la voie technologique (vers un bac technologique des filières tertiaires ou industrielles).

LE CURSUS SCOLAIRE

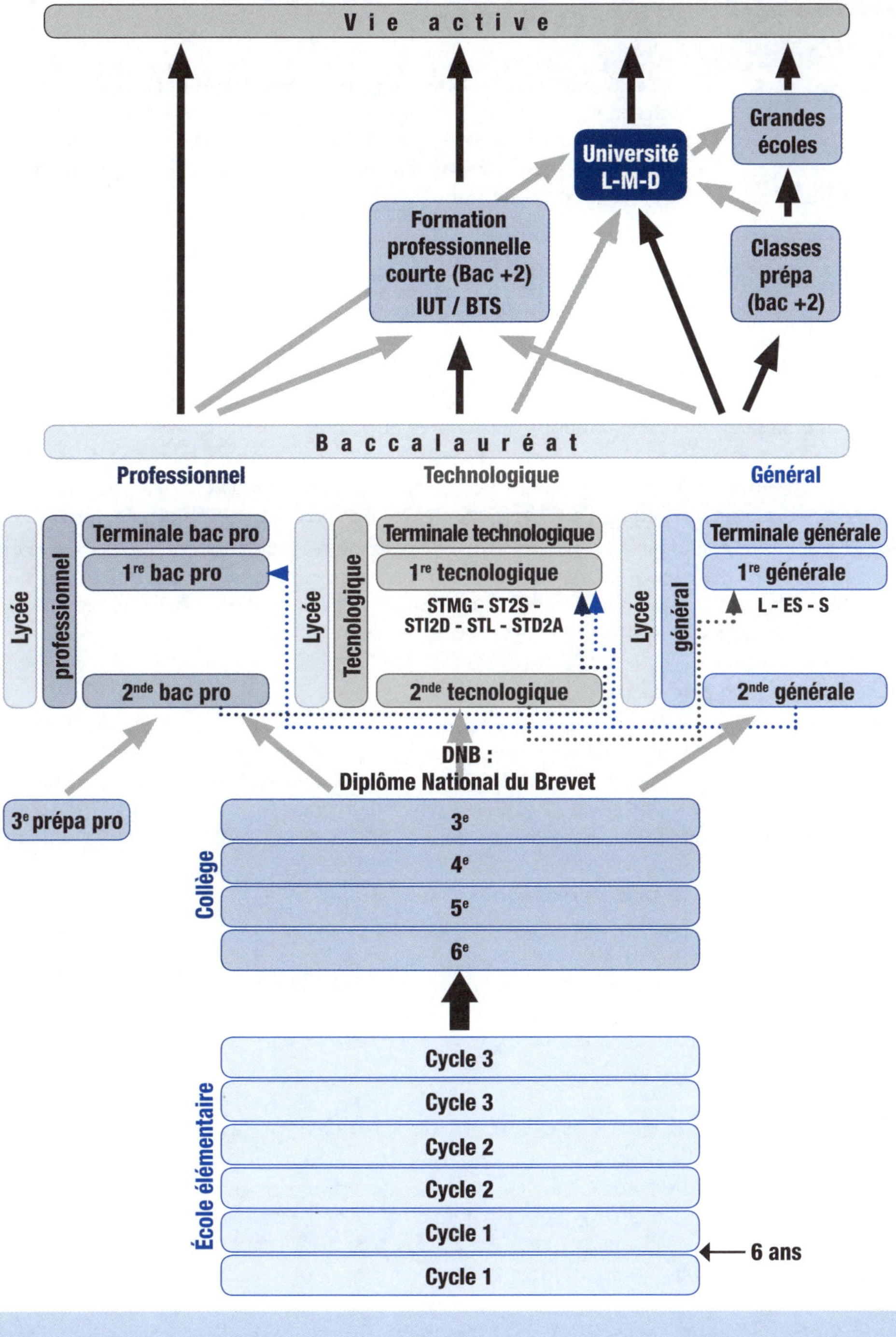

L'enseignement primaire

L'école maternelle et l'école élémentaire forment l'enseignement primaire. D'une durée minimale de huit ans, cet enseignement a pour but de permettre à tous les élèves d'acquérir les bases indispensables pour une scolarité réussie en collège. Il comprend trois cycles d'enseignement.

La scolarité dans l'enseignement primaire

- La scolarité de l'école maternelle et de l'école élémentaire est organisée en trois cycles pédagogiques.
- L'école maternelle se doit de développer la socialisation, la connaissance de soi et de l'autre ; son rôle est d'entraîner l'enfant dans des activités impliquant l'approche de l'écrit et de l'oral et la découverte des notions d'espace et de temps.
- L'objectif de l'école élémentaire est d'obtenir que tous les jeunes sachent lire, écrire et compter au terme de leurs cinq années de scolarité. Ils doivent également avoir été initiés à diverses disciplines, comme l'histoire-géographie, les sciences expérimentales, etc.
- L'horaire réglementaire est de 24 heures de cours hebdomadaire, auxquelles s'ajoutent 2 heures d'aide personnalisée. Ces 24 heures de présence sont réparties sur quatre jours. La répartition des heures sur neuf demi-journées est prévue à la rentrée 2013. Quinze minutes de récréation par demi-journée sont accordées.

Un maître par classe

- Dans l'enseignement primaire, un seul maître est responsable d'une classe ; il suit les élèves toute l'année et leur enseigne toutes les disciplines. On l'appelle instituteur ou professeur d'école (nom donné aux enseignants recrutés depuis 1991). Il peut être aidé par des intervenants spécialisés rémunérés par la commune (intervenants spécialisés en arts plastiques ou en musique, moniteurs de sport, intervenants enseignant une langue vivante étrangère).

La durée de la scolarisation

Même si l'enseignement n'est obligatoire qu'à l'entrée en école élémentaire, à l'âge de 6 ans, plus de 98% des jeunes sont scolarisés à l'école maternelle entre 3 et 6 ans. Le redoublement à l'école élémentaire, qui concernait encore en 1984 près de 4 enfants sur 10, a beaucoup diminué ces dernières années, notamment avec la mise en place des cycles qui permettent à l'enseignant de mieux s'adapter aux rythmes des enfants en régulant l'apprentissage de certaines notions sur plusieurs années.

Le rôle décisif de l'enseignement primaire

- Ce qui n'a pas été acquis à l'école maternelle et élémentaire est très difficilement rattrapable ultérieurement. Le destin scolaire des élèves se forge en grande partie dans l'enseignement primaire. Sur les 25% d'élèves ayant, au sortir de l'école élémentaire, les meilleurs résultats en français et en mathématiques, 93,2% passeront quatre ou cinq ans après en seconde générale ou technologique de lycée.

LES DÉBATS CONCERNANT L'ÉCOLE PRIMAIRE

Scolariser à deux ans?

La loi d'orientation de 1989 avait prévu de développer la scolarisation le plus tôt possible en maternelle, c'est-à-dire dès deux ans, pour faire de cette classe non un substitut de garderie, mais un lieu où tous les enfants puissent trouver les conditions d'un développement favorable que le milieu familial n'offre qu'à quelques-uns.
Le taux de scolarisation des enfants de deux ans en maternelle est passé de 37 % en 2002 à 25 % en 2005. À trois ans, le taux de scolarisation est de 97 %. Entre quatre et six ans, 99 % des enfants sont scolarisés.
Globalement, les enfants découvrent l'école plus tôt en Bretagne, dans le Nord-Pas-de-Calais, en Auvergne, en Creuse, Ardèche ou Meuse. En revanche, en région parisienne, en Alsace et dans le sud-est de la France, les enfants entament leur vie d'écolier un an plus tard. Si tous les textes réglementaires insistent sur le développement prioritaire de la scolarisation à deux ans dans les zones concentrant une population défavorisée et notamment dans les zones d'éducation prioritaire (ZEP), il apparaît que cet objectif n'est qu'en partie atteint, puisque le taux de scolarisation n'y est que légèrement supérieur à la moyenne nationale, avec un peu moins de 40 % de création d'établissements et de postes en nombre suffisant.
Les statistiques mettent en effet en évidence que la scolarisation en maternelle, pour cet âge, tient avant tout à des facteurs régis par la loi de l'offre et de la demande, non pas la demande des parents qui souhaiteraient scolariser leurs enfants si tôt, mais bien l'offre des écoles maternelles qui ont des places vacantes.

Les difficultés en lecture respectent-elles la parité?

Les statistiques 2009 montrent qu'il y a plus de garçons que de filles qui ont des difficultés dans le domaine de la lecture:

	Garçons	Filles
Très faibles capacités	8,9%	4,9%
Difficultés sévères	6,1%	3,6%
Lecteurs très efficaces	59%	70%

Les filles réalisent à l'école et au collège de meilleurs parcours scolaires que les garçons.
Les enquêtes internationales montrent qu'à 15 ans, plus d'un garçon français sur quatre ne possède pas les compétences de base en lecture, alors que ce n'est le cas que d'une fille française sur dix.
À 14 ans, les filles sont, pour plus des deux-tiers, en troisième contre la moitié des garçons qui, à cet âge, sont environ un tiers à être encore en quatrième.
Le poids des garçons dans le décrochage scolaire ou dans les structures accueillant des jeunes en difficulté est très important.

	Garçons	Filles
Classes de SEGPA	70%	30%
Dispositif « soutien » collège	63%	37%
Dispositifs Relais	78%	22%

Parmi de multiples explications à développer, il y a notamment, à l'entrée à l'école, le rapport à la tâche scolaire. Compte tenu des stéréotypes fonctionnant encore dans les familles et dans la société, les filles qui effectuent très tôt de nombreuses petites tâches à la maison, à l'inverse des jeunes garçons, savent mieux maîtriser les différentes composantes des tâches scolaires.
On sait combien la non-maîtrise de ces composantes est pénalisante pour certains garçons qui vont refuser les corrections, et ne pas tenir compte de ce que signifie la finition en « bâclant » souvent leur travail scolaire.

Les programmes de l'enseignement primaire

Les programmes de l'enseignement primaire ont été renouvelés en 2008. Ils sont articulés avec le socle commun de connaissances et de compétences et « recentrés sur les fondamentaux ».

Les programmes de l'école maternelle

L'école maternelle est considérée comme une véritable école. « Le premier objectif est de scolariser […]. Le deuxième objectif est de socialiser […]. Le troisième est de faire apprendre et d'exercer. » Elle doit nécessairement évaluer un certain nombre de compétences concernant six domaines : s'approprier le langage ; découvrir l'écrit ; devenir élève ; agir et s'exprimer avec son corps ; découvrir le monde ; percevoir, sentir, imaginer, créer.

Les programmes 2008 de l'école élémentaire

Le cycle des apprentissages fondamentaux (cycle 2) couvre la grande section de maternelle où peuvent donc être abordés les apprentissages fondamentaux du lire-écrire, le cours préparatoire et la 1re année du cours élémentaire.

Les programmes de 2008 sont centrés sur les objectifs essentiels à atteindre en lecture, écriture et calcul.

Au cycle 3, les programmes marquent une entrée progressive dans les découpages disciplinaires, même si ceux-ci ne sont effectifs qu'en collège. Les programmes abordent les points suivants :

– en maîtrise de la langue française : lecture systématique, travail sur le vocabulaire, insistance sur les connaissances grammaticales ;

– en mathématiques : opérations, nombre, géométrie, gestion des données avec résolution de problèmes ;

– la démarche scientifique propose l'approche expérimentale, le rôle de la démarche d'investigation et quelques connaissances de base ;

– en histoire, sont mis en avant quelques dates importantes de l'histoire de France, quelques personnages et des œuvres d'art. La géographie comme l'histoire des arts ont leur programme spécifique ;

– l'enseignement des langues vivantes concerne la totalité des classes du cycle 3. En 2010, dans le cadre de cet enseignement, 89,3 % des élèves apprennent l'anglais, 9,1 % l'allemand, 1,5 % l'espagnol.

Dans le premier degré, l'évaluation du socle commun se fera dans le cadre d'un livret scolaire qui attestera en fin de chaque cycle les compétences et connaissances acquises par chaque élève. En fin de cycle des apprentissages fondamentaux (CE1), les attestations concernent la maîtrise de la langue française, les principaux éléments de mathématiques et les compétences sociales et civiques. En fin de cycle des approfondissements (CM2), elles concernent les sept piliers du socle (voir page 21).

LES ÉVALUATIONS CE1 ET CM2

À partir de l'année 2008-2009, les élèves sont évalués en primaire en fin de cycle 2 et en fin de cycle 3 sur leurs acquis en français et en mathématiques.
Ces premières évaluations ont eu lieu dans un climat assez lourd. Beaucoup d'enseignants doutent de la pertinence de ces évaluations qui, aux yeux du gouvernement, doivent permettre de mesurer les acquis des élèves par rapport aux objectifs déterminés nationalement.

L'évaluation de CE1

L'évaluation a montré que 75 % des élèves vont entrer en CE2 en sachant bien lire, en maîtrisant les nombres et les deux opérations, en étant capables de rédiger un texte de quelques lignes. Près de la moitié a même d'excellents résultats (47 % en mathématiques, 44 % en français).
Parmi les 25 % d'élèves qui n'ont pas encore toutes les compétences attendues, il faut distinguer ceux dont les acquis sont encore fragiles et ceux aux difficultés plus lourdes :
- 9 % des élèves sont dans ce dernier cas en français ;
- 10 % le sont en mathématiques.

C'est en direction de ces élèves que seront mobilisés les aides personnalisées, les réseaux d'aides et les dispositifs existants.

L'évaluation de CM2

Pour cette évaluation, prévue en milieu d'année pour permettre des aides individualisées dans l'année avant le passage en 6e, 65 % des élèves en mathématiques et 75 % des élèves en français ont le niveau attendu et pour 45 % en français et 35 % en mathématiques, ce sont des résultats remarquables.
Les résultats apparaissent donc plus faibles en mathématiques qu'en français en fin de primaire.
Les élèves qui éprouvent de très grandes difficultés en CM2 sont 15 % en mathématiques et 7 % en français.
Chaque famille a reçu les résultats de son enfant et les résultats par département et académie (et non par établissement) ont été rendus publics.

Le collège

Depuis 1995, trois cycles d'étude sont mis en place pour permettre à tout élève de compléter, approfondir et élargir son savoir, non plus avec l'aide d'un seul maître, mais à travers une pluralité d'enseignants. L'élève a quatre ans pour construire le parcours le plus apte à favoriser une orientation en lycée.

Du collège pour tous au collège pour chacun

Longtemps, le collège a eu pour finalité d'être la dernière étape de la scolarité obligatoire. Aujourd'hui, il est un maillon entre l'enseignement primaire et le lycée. Il a donc pour mission d'être unique, accessible à tous et capable de présenter clairement pour chacun des parcours d'études diversifiés pour une chance professionnelle maximale. Victime de cette diversité, il reste le maillon faible du système éducatif.

C'est pourquoi le collège qui a existé de 1975 à 1995 – sur la base cycle d'adaptation (6ᵉ/5ᵉ) et cycle d'orientation (4ᵉ/3ᵉ) avec options à partir de la classe de 4ᵉ – a été modifié. Dès 1995, s'est mis en place un collège construit avec de nouveaux programmes, sur trois cycles : cycle d'adaptation (6ᵉ), cycle central (5ᵉ/4ᵉ), cycle d'orientation (3ᵉ).

Le cycle d'adaptation

Son objectif est d'affermir les acquis fondamentaux de l'école élémentaire et d'initier les élèves aux disciplines et méthodes propres à l'enseignement secondaire. La nouvelle classe de 6ᵉ se distingue par quatre innovations principales :

– une plus grande marge d'initiative pour aménager les horaires et favoriser le travail en petits groupes ;

– une priorité à la maîtrise des langages fondamentaux ;

– un dispositif de consolidation des acquis qui apporte l'aide nécessaire aux élèves confrontés à des difficultés aiguës ;

– du fait de la diversité des niveaux des élèves, il a été décidé de distinguer les *études dirigées*, confiées aux seuls enseignants pour favoriser l'acquisition de méthodes de travail personnelles, et les *études encadrées*, qui peuvent être animées par d'autres membres de l'équipe éducative ou des intervenants extérieurs.

Le cycle central

Il permet aux élèves d'approfondir et d'élargir leurs savoirs et leur savoir-faire. C'est le début de l'apprentissage du latin (5ᵉ), de la deuxième langue vivante (4ᵉ), de l'éducation aux choix d'orientation.

Le cycle d'orientation

Il complète les acquisitions des élèves et leur permet d'accéder aux formations qui font suite au collège. Cycle charnière, il devra proposer une liaison plus cohérente avec les classes de seconde et les autres formes de poursuite d'études.

LE COLLÈGE À L'HEURE DU SOCLE COMMUN

De nouveaux programmes sont entrés en vigueur au collège. Ils ont été appliqués en 6e à la rentrée 2009, puis en 5e en 2010, en 4e en 2011 et enfin en 3e en 2012.
Ces programmes s'articulent avec le socle commun de connaissances et de compétences, qui sera évalué en fin de 3e dans le cadre du Diplôme national du Brevet (DNB).
Dix heures annuelles de vie de classe sont prévues dans chacune des classes du collège pour permettre notamment aux professeurs principaux d'évoquer avec les élèves des problèmes qui peuvent se poser dans la classe ou pour préparer les réunions des conseils de classe.

Le cycle d'adaptation : sixième

Le livret scolaire remis aux parents en fin d'école élémentaire comprend quatre parties :
– les documents périodiques en usage dans l'école dont un bilan des acquisitions de l'école maternelle réalisé en fin de grande section ;
– les résultats des évaluations nationales de CE1 et de CM2 en français et mathématiques ;
– les attestations de maîtrise des connaissances et compétences remplies en fin de cycle 2 et de cycle 3 avec l'attestation « premier secours » et l'attestation « sécurité routière » ;
– les propositions faites par le conseil des maîtres et les décisions prises sur les conditions dans lesquelles se poursuit la scolarité.

Le cycle central : cinquième et quatrième

La classe de quatrième est le moment du démarrage de la deuxième langue vivante.
Les itinéraires de découverte peuvent permettre l'association de plusieurs disciplines. Ils sont un atout pour l'enseignement de l'histoire des arts, pour l'éducation à l'environnement et au développement durable et pour l'évaluation des compétences dans le cadre du socle commun de connaissances et de compétences.

Le cycle d'orientation : troisième

La classe de troisième est une classe d'orientation et elle connaît une certaine diversification des enseignements au travers notamment des enseignements de « Découverte professionnelle ».

Un rapport du Haut Conseil de l'éducation a analysé en 2010 le collège actuel

« La question du collège est aujourd'hui encore source de profonds clivages et d'incessants débats entre les partisans du « collège unique » et ses adversaires. Après des décennies de débats, il est urgent de dépasser cette opposition, pour se concentrer sur l'objectif assigné au système éducatif par la loi du 23 avril 2005 : assurer à chaque élève la maîtrise du socle commun à la fin de la scolarité obligatoire, objectif dont la France est encore très éloignée pour une part importante de ses élèves [...].
Comment mettre le collège sur la bonne voie ? [...] Les pays dont le système éducatif fonctionne le mieux partagent au moins trois caractéristiques : ils sont parvenus à définir pour leur école un objectif clair faisant l'objet d'un large consensus parmi la population ; ils ont su mettre en place une formation des maîtres visant à développer des pratiques éducatives qui favorisent la réussite de chaque élève ; ils ont en général octroyé à leurs établissements scolaires des marges d'autonomie rendant possible une organisation souple. [...] »

L'enseignement au collège

Au collège, l'enseignement repose sur la diversification des méthodes et des approches pour permettre la mise en situation de réussite des élèves. Des dispositifs spécifiques en fonction de la nature et du degré des difficultés rencontrées ont été mis en place.

Aider les élèves en difficulté

Réservés aux élèves ayant les difficultés les plus lourdes, des dispositifs spécifiques dérogatoires aux programmes peuvent être mis en œuvre, notamment pour consolider les compétences de base en français et en mathématiques (adaptation des progressions en fonction des résultats des évaluations, organisation des emplois du temps, développement du travail en équipe des enseignants, analyse collective des élèves, mise en œuvre d'actions spécifiques comme le regroupement d'élèves sous la forme d'ateliers de soutien ou de remise à niveau, utilisation des technologies de l'information ou de programmes personnalisés d'aide et de progrès, etc.). Au cycle central, ces mesures pourront concerner les heures consacrées aux itinéraires de découverte.

Les itinéraires de découverte

Les itinéraires de découverte sont une autre manière de traiter le programme dans une optique interdisciplinaire, en développant l'autonomie des élèves. Ils permettent un choix des élèves et une valorisation de leurs goûts et de leurs aptitudes.

Découverte professionnelle; note de vie scolaire

- L'option facultative de trois heures ou le module de découverte professionnelle de 6 heures visent à apporter aux élèves une première connaissance du monde professionnel par une découverte des métiers, du milieu professionnel et de l'environnement économique et social. Cette formation peut se dérouler en lycée professionnel.
- La note de vie scolaire prend en compte l'assiduité de l'élève et son respect du règlement intérieur dans des proportions égales. La participation de l'élève à la vie de l'établissement et aux activités organisées et reconnues par l'établissement est valorisée par l'attribution de points supplémentaires.

La classe de troisième préparatoire aux formations professionnelles

La troisième «prépa pro», mise en place et expérimentée à la rentrée 2011, est proposée à des élèves volontaires prêts à se remobiliser autour d'un projet de formation dans les voies professionnelles. L'emploi du temps comporte 24 heures d'horaires attribués par discipline, 8 heures hebdomadaires pouvant être globalisées en 72 heures annualisées d'accompagnement personnalisé «permettant une aide à l'acquisition du socle commun et au suivi de l'élève» et 216 heures annualisées de séquences de découverte professionnelle.

Les technologies de l'information et de la communication et B2i

Progressivement, tous les collèges, à partir de la rentrée 2002, doivent permettre à leurs élèves d'accéder à des ressources en ligne et doivent délivrer un Brevet informatique et Internet (B2i) pour le niveau 1 en 6e et pour le niveau 2 à la fin du collège.

ENSEIGNEMENT D'HIER, ENSEIGNEMENT D'AUJOURD'HUI

Années 1920 contre années 2000

Le débat ne cesse de rebondir pour savoir si l'accroissement de la durée de scolarisation des jeunes aujourd'hui a correspondu à un accroissement du niveau de connaissances des jeunes.

Ambiance d'antan

Pour apporter une contribution à cette discussion, la Direction de l'évaluation et de la prospective (DEP) du ministère de l'Éducation a mené une étude comparative en faisant passer, en 1995 par deux échantillons de 3000 élèves représentatifs, des épreuves du Certificat d'études primaires données en 1923, 1924 et 1925 et dont on avait conservé des copies. En rédaction, les élèves de 1995 ont tendance à mieux réussir que ceux des années 1920 si l'on compare les résultats sur l'ensemble de la génération.

Dans certaines dimensions, les résultats sont analogues : compréhension des consignes, capacité à produire un texte complet, pertinence des éléments, qualités formelles et maîtrise de la langue.

L'avantage va aux candidats des années 1920 pour les temps verbaux, mais il est aux élèves d'aujourd'hui pour la cohérence et la longueur du texte, la maîtrise de la ponctuation et la présentation.

En orthographe, les résultats étaient biens meilleurs dans les années 1920. Les élèves d'aujourd'hui ont ainsi commis, dans les dictées proposées, en moyenne 2,5 fois plus de fautes que ceux des années 1920. En analyse grammaticale et en conjugaison, les années 1920 réussissent mieux, mais ils font jeu égal pour la compréhension.

En calcul, les élèves des années 1920 ont mieux réussi les problèmes posés et les multiplications.

Au total, les élèves sont aujourd'hui plutôt meilleurs en rédaction, à peu près équivalents dans les questions de dictée concernant l'intelligence du texte, et en calcul dans l'addition, la soustraction et la division ; ils sont en légère baisse en multiplication, en baisse marquée en orthographe, en connaissance de la langue et dans la résolution de problèmes.

Le Brevet

Chaque élève en fin de 3e passe le Brevet. Cet examen, le premier que passe l'élève dans son cursus, n'a aucune incidence sur le passage en seconde puisque les décisions des conseils de classe interviennent avant les résultats. Les notes permettant l'attribution du Brevet sont :
- pour un tiers environ du barème : les notes obtenues lors d'épreuves écrites, avec des sujets définis au niveau de chaque académie et des corrections effectuées par groupe de 4 à 5 collèges pour trois matières : le français, les mathématiques et l'histoire-géographie ;
- pour deux tiers environ du barème : les notes obtenues dans le cadre du contrôle continu dans toutes les disciplines enseignées au collège. Il s'agit de la moyenne des notes trimestrielles obtenues par l'élève en 4e et en 3e.

Un jury départemental, à partir de l'addition des points obtenus aux épreuves écrites et en contrôle continu, attribue le Brevet. Des mentions sont créées au diplôme national du Brevet à partir de la session de 2006.

Le cursus des lycées

Une réforme du lycée est mise en place entre la rentrée 2010 et la rentrée 2012. Elle veut faire de la classe de seconde une vraie classe de détermination et prévoit de développer un accompagnement personnalisé des élèves tout au long du cursus des lycéens.

Les structures et les enseignements

- La classe de seconde mise en place à la rentrée 2010 comporte par semaine un tronc commun de 23h30, un accompagnement personnalisé de 2h et des enseignements d'exploration de 3h.
- À l'entrée en seconde, l'élève choisit ses deux enseignements d'exploration, dont au moins un parmi les enseignements suivants dans le champ de l'économie : principes fondamentaux de l'économie et de la gestion ou sciences économiques et sociales.

Les voies générales

- Les séries ES, L et S sont maintenues.
- La série L est revalorisée avec de nouveaux enseignements de droit et de grands enjeux du monde contemporain.
- En terminale, le nouveau programme d'histoire-géographie des séries ES et L met l'accent sur les méthodes de travail de l'enseignement supérieur.
- La série S bénéficie d'un nouvel enseignement intitulé informatique et sciences du numérique.

Les voies technologiques

- Une réforme de la voie technologique a été mise en œuvre à partir de la rentrée 2011. Elle a pour objectif de mieux distinguer la voie technologique des voies générale et professionnelle et de mieux préparer les lycéens à poursuivre des études supérieures, par exemple vers les métiers d'ingénieur et de technicien supérieur.
- *Série Sciences et technologies du management et de la gestion (STMG).* La série STMG propose quatre spécialités : communication et gestion des ressources humaines, comptabilité et finance d'entreprise, gestion des systèmes d'information, mercatique. Cette série repose sur un équilibre entre un pôle d'enseignement général, un pôle d'enseignement technologique de spécialité et un pôle économique, droit et management des organisations.
- *Série Sciences et technologies de l'industrie et du développement durable (STI2D).* Elle compte quatre spécialités : innovation technologique et éco-conception, systèmes d'information et numérique, énergies et environnement et architecture et construction.
- *Série « Sciences et techniques de Laboratoire » (STL).* Elle compte deux spécialités : biotechnologies et sciences physiques et chimiques en laboratoire.
- *Série « Sciences et techniques de la santé et du social » (ST2S).* Les matières dominantes sont la biologie humaine, la connaissance psychologique des individus et des groupes.

LE LYCÉE DU XXIe SIÈCLE

Accompagnement personnalisé

C'est un temps d'enseignement intégré à l'emploi du temps des élèves qui s'organise autour de trois activités principales : soutien, approfondissement et aide à l'orientation.

Enseignements d'exploration

Enseignements obligatoires nouvellement créés en classe de seconde, d'une durée de 54 heures annuelles. Ils visent à faire découvrir de nouvelles disciplines ainsi que les études supérieures et les domaines professionnels vers lesquels elles ouvrent. Ce sont : principes fondamentaux de l'économie et de la gestion ; sciences économiques et sociales ; création et activités artistiques ; création et innovation technologiques ; santé et social ; biotechnologies ; sciences et laboratoire ; littérature et société ; sciences de l'ingénieur ; méthodes et pratiques scientifiques.

Enseignements obligatoires

Ils comprennent les enseignements communs (« tronc commun »), les enseignements d'exploration en classe de seconde et les enseignements spécifiques.

Enseignements spécifiques

Enseignements obligatoires propres à chaque série en classes de première et de terminale. Ils peuvent être communs à tous les élèves de la série (sciences économiques et sociales en série ES) ou choisis parmi une liste propre à chaque série (arts, LV3, mathématiques, etc. en première L, enseignements de spécialité en terminale).

Stages passerelles

Ce sont des stages destinés à donner aux élèves les compléments nécessaires pour changer d'orientation. Ils portent notamment sur les contenus et les méthodes spécifiques à la série que l'élève souhaite rejoindre. D'une durée équivalente à deux semaines, ils sont organisés pendant l'année scolaire ou les vacances.

TPE

Les travaux personnels encadrés permettent aux élèves de mener un travail collectif et pluridisciplinaire. Ils sont évalués au baccalauréat en fin de première.

Tutorat

Il est proposé à chaque élève dès la classe de seconde pour l'aider dans son parcours de formation et d'orientation.

Épreuves anticipées du baccalauréat

Pour le baccalauréat, des épreuves anticipées se dérouleront en fin de première et concerneront outre le français, les matières qui ne seront plus obligatoires en terminale, par exemple, les mathématiques pour les élèves de terminale L, l'histoire-géographie pour les élèves de terminale S.
Pour cette dernière matière, qui ne sera donc qu'en option en terminale S, il y a eu, au moment de la présentation de la réforme, un certain nombre de protestations d'historiens.

L'enseignement au lycée

Le lycée est le moment décisif pour l'orientation d'un jeune. C'est là qu'il choisit la voie menant à son entrée plus ou moins rapide dans la vie active et qu'il décide de la spécialité qui sera la sienne pour le baccalauréat. Il a trois ans pour s'y préparer. À cet égard, le choix des options, dès la seconde, est extrêmement important.

La nouvelle seconde mise en place à la rentrée 2010

- Le tronc commun concerne 80% de l'horaire par élève et inclut neuf disciplines.
- Dans la continuité de l'école primaire et du collège, un enseignement en histoire des arts est proposé aux élèves selon un projet conduit par l'équipe enseignante à partir du volet «histoire des arts» des programmes des enseignements communs.
- L'enseignement des langues (5h30) se fait par groupe de compétences. Les élèves peuvent passer en cours d'année d'un groupe à l'autre en fonction de leurs progrès et de leurs besoins.

Une réorientation facilitée en première

- Tous les lycéens de première générale suivent le même enseignement en français, en histoire-géographie, en langues vivantes (LV1 et LV2), en éducation civique, juridique et sociale (ECJS) et en éducation physique et sportive (EPS) afin de faciliter une réinsertion entre les différentes séries.
- Le lycéen qui change de série en cours ou en fin de première doit uniquement acquérir les connaissances des matières propres à la série qu'il rejoint.
- Des stages de remise à niveau sont proposés par le conseil de classe pour éviter le redoublement. Ils ont lieu durant l'année ou les vacances scolaires.
- La création de stages «passerelles» permet les corrections de trajectoire. Ces stages s'adressent aussi bien aux lycéens de la voie générale que de la voie technologique qui désirent changer de voie ou de série et sont assurés par des enseignants volontaires.

La généralisation du tutorat

Le tutorat, proposé à tous les élèves dès la seconde, est assuré par les enseignants, dont les documentalistes, ou les CPE volontaires. Chaque tuteur suit un même petit groupe d'élèves, de la seconde à la terminale. Le tuteur aide l'élève dans ses choix sans se substituer au professeur principal ni au conseiller d'orientation-psychologue.

Mieux accompagner chaque lycéen

- La mise en place, de la seconde à la terminale, d'un accompagnement personnalisé de deux heures hebdomadaires est une mesure essentielle de la réforme. L'accompagnement personnalisé soutient l'élève dans la réussite de sa scolarité et l'aide à gagner en autonomie. Selon les besoins et les aspirations des élèves, l'accompagnement personnalisé se donne les objectifs suivants: apporter un soutien aux élèves qui rencontrent des difficultés, dans les disciplines comme dans les méthodes, permettre aux élèves d'approfondir leurs connaissances, donner aux élèves des méthodes qui faciliteront leur transition vers l'enseignement supérieur, accompagner le projet d'orientation, entreprendre des travaux interdisciplinaires.
- L'orientation fait partie intégrante de l'accompagnement personnalisé.

LE NOUVEL AMÉNAGEMENT DES TEMPS PÉDAGOGIQUES DES SÉRIES GÉNÉRALES

Seconde

Tronc commun	Accompagnement personnalisé	Enseignements d'exploration	TOTAL Enseignements obligatoires	Enseignement facultatif
23h30	2h	2 x 1h30 = 3h	**28h30**	3h

Première

	Enseignements communs	Enseignements spécifiques	Accompagnement personnalisé	TPE	TOTAL Enseignements obligatoires	Enseignement facultatif
ES	15h	9h30	2h	1h	**27h30**	3 ou 6h
L	15h	8h30	2h	1h	**26h30**	3 ou 6h
S	15h	10h	2h	1h	**28h**	3 ou 6h

Terminale

	Enseignements communs	Enseignements spécifiques	Accompagnement personnalisé	TOTAL Enseignements obligatoires	Enseignement facultatif
ES	6h30	18h30	2h	**27h**	3 ou 6h
L	6h30	18h30	2h	**27h**	3 ou 6h
S	6h30	19h30	2h	**28h**	3 ou 6h

Les lycées professionnels

À l'instar des baccalauréats généraux et technologiques, le baccalauréat professionnel se prépare dorénavant en trois ans à l'issue de la classe de troisième. Les bacheliers professionnels représentent plus de 27 % de l'ensemble des bacheliers.

Le baccalauréat professionnel en trois ans

Cette mise en œuvre du bac pro en trois ans s'est accompagnée :

– *d'une offre renforcée en CAP* pour les élèves qui souhaitent rentrer rapidement dans la vie active ou qui n'ont pas le profil pour suivre avec succès un baccalauréat professionnel ;

– *du développement de passerelles entre les différentes voies de formation.* Des élèves de secondes générale et technologique peuvent rejoindre une première professionnelle, des élèves de seconde ou de première professionnelle peuvent rejoindre une première technologique, des élèves de seconde professionnelle peuvent rejoindre une dernière année de CAP et à l'issue du CAP, une poursuite d'études en première professionnelle est possible ;

– *d'une personnalisation de l'accompagnement des élèves.* Un temps de 2 h 30 en moyenne par semaine est inscrit dans l'emploi du temps des élèves. Ce temps est destiné à répondre aux besoins spécifiques de chaque élève : soutien scolaire, approfondissement disciplinaire, travail sur l'orientation ou préparation de l'entrée dans la vie active.

Le bilan provisoire montre que l'arrivée d'élèves en CAP a fortement augmenté. Il apparaît donc nécessaire de développer des passerelles entre les CAP et les bacs professionnels.

Les périodes de formation en entreprise

Tous les enseignements professionnels comportent des périodes en entreprise obligatoires, dont la durée varie en fonction du diplôme préparé. Ces périodes en entreprise font partie intégrante de la formation.

L'intérêt et l'efficacité des périodes en entreprise impliquent que les équipes pédagogiques mettent en place un accompagnement des élèves, incluant la préparation, le suivi et l'utilisation pédagogique de ces périodes.

Ces périodes impliquent un rapport particulier avec l'entreprise. L'élève n'y applique pas seulement ce qu'il a appris au lycée : l'entreprise est le lieu où il acquiert certaines compétences professionnelles définies dans le diplôme, qui ne peuvent être obtenues qu'au contact de la réalité professionnelle.

Pour les diplômes à objectif principal d'insertion professionnelle, les périodes sont plus longues :

– de 5 à 8 semaines pour le BEP ;

– de 12 à 16 semaines pour le CAP ;

– de 16 à 18 semaines pour le baccalauréat professionnel, selon les secteurs professionnels (semaines réparties sur les deux années de formation).

La répartition de ces périodes dans le calendrier scolaire au cours de la formation est de la responsabilité des établissements scolaires, en fonction des contraintes pédagogiques et économiques locales.

L'ENSEIGNEMENT AGRICOLE

Son organisation

L'enseignement agricole régi par la loi de 1984 (votée à l'unanimité) comporte un secteur agricole public géré par la direction générale de l'enseignement agricole du ministère de l'Agriculture et un secteur privé géré par l'enseignement catholique ou les associations familiales rurales, qui ont beaucoup développé les formations en alternance.

Le ministère paie les personnels enseignants, de direction, administratifs ou de service des lycées professionnels agricoles (LPA) et des lycées d'enseignement général et technique agricole (Legta). En 1997, le budget se monte à 6,2 milliards. Le ministère ayant en charge la pêche, la filière agro-alimentaire, l'Office national des forêts, la filière technique et professionnelle propose aussi des formations horticoles, des métiers liés à l'environnement, à l'écologie, etc.

Avec une augmentation de 30 % d'élèves depuis 1992, l'enseignement agricole est le seul secteur de l'enseignement professionnel en accroissement.

Les raisons du succès

Le relationnel: l'enseignement agricole a su tisser des liens très étroits avec les professions et les organismes représentatifs du monde agricole, ce qui lui a permis d'adapter ses diplômes aux mutations de l'agriculture et du secteur agroalimentaire. Exemple: les professionnels du monde agricole participent étroitement à la gestion des établissements publics, non seulement en tant que membres d'un conseil d'administration, mais même comme présidents.

Une rénovation pédagogique profonde: une organisation souple du travail des enseignants, la proximité du monde professionnel permettant la réalisation de « vrais » stages, des contrôles en cours de formation ont remotivé des jeunes en perdition ou en difficulté scolaire. Ainsi, la filière agricole tend à devenir, pour un certain nombre d'élèves, une deuxième chance, ce qui amène paradoxalement, dans nombre d'établissements, le pourcentage de fils d'agriculteurs à ne plus représenter qu'un tiers des élèves, contre plus de 60 % il y a dix ans.

Dans un Legta dont les cycles de formation spécialisés dans l'élevage bovin, équin et les cultures fourragères s'étendent de la 4e technologique au brevet de technicien supérieur, 90 % des élèves trouvent du travail à la sortie, ce qui explique l'engouement rencontré pour ces formations agricoles.

Les diplômes du secteur agricole

Il faut trois ans en lycée agricole pour obtenir le baccalauréat sciences et technologies du produit agro-alimentaire (STPA), celui des sciences et technologies de l'agronomie et de l'environnement (STAE) et le brevet de technicien agricole (BTA) comme celui concernant la « conduite de l'exploitation, polyculture, élevage ».

Deux ans d'études en LEP agricole après la 3e permettent d'obtenir le Brevet d'études professionnelles agricoles (Bepa).

Deux ans d'études en lycée agricole après le baccalauréat donnent le Brevet de technicien supérieur agricole (BTSA).

La transition école-emploi

Quel que soit le niveau de qualification atteint, l'entrée d'un jeune sur le marché du travail donne lieu à une période de transition entre l'école et l'entreprise qui tend à s'allonger.

Le diplôme reste un sésame pour l'emploi

- Ce sont les jeunes les plus récemment sortis du système scolaire qui connaissent le plus fort taux de chômage. Cependant, toutes les études montrent que le diplôme est plus que jamais un sésame pour l'emploi.
- Plus le diplôme est élevé, plus l'insertion dans le monde professionnel est facilité.

En 2000 et 2010, 7 mois après la sortie du système scolaire, quel taux de chômage suivant le diplôme obtenu ?

	2000	2010
Aucun diplôme	38,5%	40%
CAP/BEP	25,2%	24%
Baccalauréat	16%	16%
Bac + 2	12%	9%

- Cinq ans après leurs études, moins de 10% des jeunes diplômés de l'enseignement supérieur sont chômeurs contre 30% pour les non-diplômés ou détenteurs du seul brevet.
- Les diplômes sont devenus beaucoup plus importants qu'il y a vingt ans. Quitter l'école sans formation est plus handicapant que jamais.

Une insertion dans l'emploi par des formes précaires

L'insertion dans la vie active passe le plus souvent par des formes précaires d'emploi : contrats d'aide, contrats à durée déterminée, travail à temps partiel imposé. Globalement, si les jeunes ont plus de risques d'être au chômage avant le premier emploi, ou après un emploi temporaire, ils sortent plus facilement du chômage. Là encore, ce sont les moins diplômés qui rencontrent le plus de difficultés. Un titulaire de CAP-BEP sur trois, neuf mois après la fin de ses études, est encore au chômage, alors qu'il n'y a dans cette situation qu'un titulaire de BTS sur cinq.

L'articulation formation initiale-profession

- Globalement, la profession et le salaire sont assez étroitement liés à la formation suivie.
- La grande majorité des titulaires d'un troisième cycle universitaire et des diplômés des écoles de commerce exercent, cinq ans après la fin de leurs études, une profession supérieure, et les détenteurs de licence et de maîtrise, le plus souvent, une profession intermédiaire.
- Des discriminations subsistent cependant. Les chances d'une jeune femme d'occuper une position de cadre entre 26 et 32 ans avec un diplôme supérieur à bac + 2 sont de 53% contre 71% pour un homme. Pour un jeune adulte dont le père est lui-même cadre, les chances sont de 74% contre 61% pour un autre d'origine ouvrière.

L'INSERTION DIFFICILE DES JEUNES

Faire ses premiers pas dans le monde du travail est aujourd'hui plus que jamais difficile. Si, statistiques à l'appui, avec un diplôme en poche, la crise est moins rude pour les jeunes en recherche d'emploi, il n'en reste pas moins que trouver un CDI relève souvent du parcours du combattant.
Une situation fortement tendue par la crise financière, économique et sociale sur fond d'accélération de la mondialisation. Les chiffres du chômage des jeunes en France en septembre 2011 montrent que 437 800 jeunes de moins de 25 ans sont sans activité. Cela se vérifie pour toute l'Europe en général.

Le taux de chômage des jeunes, dans les pays où il est mesuré et mesurable, reste, dans l'Europe des 27, très élevé. L'Allemagne est un cas particulier. « L'agence fédérale allemande pour l'emploi des jeunes ne fournit pas de statistiques, mais indique que le système dual allemand qui offre des formations en alternance permet aux Allemands d'être présent tôt en entreprise. Les jeunes en difficulté se voient obligatoirement proposer un stage. Mais ce résultat cache plusieurs problèmes : de nombreux jeunes sont orientés vers des emplois mal rémunérés ou à temps partiel. C'est ainsi qu'est né le terme de « *Generation Praktikum* », génération stage. La démographie allemande en berne joue aussi son rôle. Beaucoup de postes, y compris en apprentissage, restent vacants. Du coup, le gouvernement allemand a commencé, cette année, à faire appel à des jeunes qualifiés de pays plus en difficulté, notamment en Espagne. » (*Ouest-France*, 29-30 octobre 2011)

Génération « Y »

(à prononcer à l'anglo-saxonne)

La génération « *Why* » (« Pourquoi ») correspond aux jeunes nés entre 1980 et 1990. Ce terme, utilisé par les sociologues américains, désigne une génération précaire, victime de la crise, qui a du mal à intégrer le marché du travail. Ces jeunes sont moins riches que leurs parents au même âge, même s'ils sont plus diplômés.

Taux de chômage des moins de 25 ans en août 2011 :

Moyenne Union européenne : 20,9 %
France : 23,5 %
Soit **437 800 personnes**
226 100 hommes
211 700 femmes

Suède : 23 %
Royaume-Uni : 20,9 %
Italie : 27,6 %
Portugal : 26,9 %
Irlande : 31,9 %
Espagne : 46,2 %
Grèce : 42,9 %

Les CAP et les BEP

Les Certificats d'aptitude professionnelle (CAP) et les Brevets d'études professionnelles (BEP) sont des diplômes professionnalisés de niveau V, avec des finalités différentes : le premier donne un savoir-faire pour un métier spécifique, le second prépare à une branche d'activités.

Le CAP

Il existe près de 250 CAP délivrés par le ministère de l'Éducation nationale ou par le ministère de l'Agriculture. Ils définissent une qualification professionnelle correspondant à un métier précis.

Le CAP se prépare dans un lycée professionnel et en apprentissage. La tendance actuelle est de préparer le CAP dans le cadre de contrats de travail en alternance.

L'enseignement technologique et professionnel occupe un peu plus de la moitié de l'emploi du temps. Il a lieu en atelier, sous forme de cours et de travaux pratiques. Il y a 12 semaines de formation en entreprise. L'examen se déroule soit par épreuves terminales, soit par combinaison d'épreuves terminales et d'un contrôle en cours de formation, soit, dans certains cas, sous la forme d'un contrôle continu.

Le BEP

Ce diplôme atteste une qualification pour :

– plusieurs activités relevant d'un même secteur professionnel : le titulaire d'un BEP optique-lunetterie est à la fois vendeur et ouvrier monteur en lunetterie ;

– une activité commune à plusieurs secteurs : avec un BEP maintenance des systèmes de production, un ouvrier assure l'entretien des machines, anticipe les pannes, mais aussi répare, monte et met en place le matériel.

Le BEP se prépare en lycée professionnel, sous statut scolaire. Avec 15 heures d'enseignement technologique et professionnel – sur les 31 heures des BEP tertiaires et 17-19 heures sur les 34-35 heures de BEP industriels –, ce diplôme permet une entrée dans la vie active ou la poursuite d'études vers un baccalauréat professionnel ou technologique. L'examen se déroule dans les mêmes conditions que le CAP.

La liaison CAP-BEP

Il existe plusieurs cas de figures :

– le CAP et le BEP cohabitent harmonieusement : le CAP apporte un savoir-faire particulier et le BEP « généraliste » donne des compétences transversales. Par exemple, dans le domaine de l'hôtellerie, on trouve un BEP hôtellerie-restauration et des CAP cuisine, restaurant et hébergement ;

– la question de l'avenir des BEP se pose avec le développement du bac professionnel en trois ans ;

– le CAP se développe dans certains « créneaux », par exemple dans les emplois de surveillance et de sécurité.

L'ÉCOLE DE LA DEUXIÈME CHANCE

Un défi nécessaire

En France, 102 000 jeunes sortent du système éducatif (60 000) ou ne terminent pas leur contrat d'apprentissage (42 000) sans avoir obtenu de diplôme. Ils étaient 206 000 en 1977, 133 000 en 1990.

Le niveau de formation atteint étant de plus en plus un rempart contre le chômage, les jeunes qui ne parviennent pas à poursuivre leurs études au-delà de la scolarité obligatoire sont très fortement exposés au risque d'exclusion économique et sociale. La situation des jeunes en échec scolaire, sans diplôme ni qualification, principales victimes de la spirale du chômage et de la marginalisation, atteint dans les banlieues des grandes métropoles des proportions inquiétantes. C'est pourquoi, l'Union européenne, dont 5 millions de jeunes sont touchés par le phénomène, s'est préoccupée de la situation.

Depuis la rentrée 1998, fonctionne à Marseille une « école de la deuxième chance » qui, en 4 ans, a accueilli plus de 800 jeunes de 18 à 22 ans, sans diplôme, ni qualification. Plus de 75 % des jeunes des deux premières promotions ont obtenu un emploi. À ceux qui n'ont connu que les « stages-parking » ou les contrats d'insertion, cette expérience veut offrir deux ans de formation en pratiquant une pédagogie individualisée et l'alternance.

Ce projet est mis en œuvre par un comité de pilotage comprenant, autour de la ville de Marseille, le Conseil général, la Chambre de commerce et d'industrie et des personnalités qualifiées comme le responsable de l'Association des compagnons du devoir.

Les objectifs

Le premier objectif assigné à ce projet est de redonner aux jeunes les notions de base indispensables qu'ils n'ont pu acquérir dans le système scolaire : lire, écrire, compter, s'initier à l'informatique, pratiquer une langue étrangère, toutes notions qui paraissent comme essentielles pour une pratique professionnelle aujourd'hui.

Le deuxième objectif concerne l'apprentissage des responsabilités. Ce principe se concrétisera par un contrat définissant les engagements réciproques entre les jeunes, l'école et les entreprises, chaque jeune étant parrainé par une entreprise industrielle, commerciale ou artisanale.

Le troisième objectif concerne la notion de « lieu de vie » de l'établissement. Cette « école de la deuxième chance » sera aussi un lieu de vie communautaire intégré au quartier, où le mouvement associatif local aura toute sa place pour développer des activités sportives, éducatives ou culturelles.

Le financement

Un tel projet nécessite des financements considérables en termes d'investissement et de fonctionnement (environ 22 millions d'euros). Ceux-ci seront pris en charge par des crédits européens, une participation de l'État, de la région, du département et de la ville.

Ce projet a été fortement soutenu par Édith Cresson, alors Commissaire européen, qui déclarait, lors de son lancement : « l'aide aux jeunes en difficulté vaut bien que l'on consacre l'équivalent des 12 200 euros que coûte un étudiant d'école de commerce ». Elle nécessite également le recrutement « d'un corps professoral de volontaires motivés, enseignants, animateurs et travailleurs sociaux à la fois, qui seront rémunérés en conséquence ». (*Le Monde*, 11 décembre 1996).

Les baccalauréats

Aujourd'hui, le baccalauréat se conjugue au pluriel. Premier grade universitaire créé en 1808, il s'est diversifié au fil du temps, notamment avec la création des baccalauréats de technicien (devenus des baccalauréats technologiques en 1986) et celle des baccalauréats professionnels.

Le baccalauréat général

- Le baccalauréat (Scientifique, Littéraire, Économique et Social) comprend des épreuves obligatoires et des épreuves facultatives (où seuls sont retenus les points supérieurs à la moyenne).
- Les séries générales (Littéraire, Économique et Social, Scientifique) sont de plus en plus spécialisées. Il est prévu en terminale de série L, un enseignement de 3 heures hebdomadaires de droit et de grands enjeux du monde contemporain, en terminale ES, un enseignement au choix de 1 heure 30 hebdomadaire d'économie approfondie ou de sciences sociales et politiques, en série S, un enseignement de 2 heures hebdomadaires d'informatique et sciences du numérique.
- À partir de la session 2013, des épreuves anticipées du baccalauréat se dérouleront en fin de première et concerneront également l'histoire-géographie pour les élèves de terminale S.

Les baccalauréats technologiques

Il en existe quatre principaux. La filière Sciences et Technologie du Management et de Gestion (STMG), avec des options communication et gestion des ressources humaines, comptabilité et finance d'entreprise, gestion des systèmes d'information ou mercatique. Le baccalauréat Sciences et Technologies de l'industrie et du développement durable (STI2D), option innovation technologique et éco-conception, systèmes d'information et numérique, énergies et environnement ou architecture et construction. La filière STI2D propose également une section Sciences et Technologies du design et des arts appliqués (STD2A), qui remplace la spécialité «arts appliqués» de l'ancienne série STI. Le baccalauréat Sciences et Technologies de laboratoire (STL) option physique de laboratoire et de procédés industriels ou chimie de laboratoire et de procédés industriels ou biochimie-génie biologique. Et enfin le baccalauréat Sciences et Technologies de la santé et du social (ST2S). Parmi les autres baccalauréats technologiques, on trouve notamment le baccalauréat Sciences et Technologies de l'agronomie et du vivant (STAV), qui se prépare en lycée agricole.

Le baccalauréat professionnel

- Le baccalauréat professionnel comporte 37 spécialités et touche 4 grands domaines: la formation professionnelle, technique et scientifique (de 16 à 18 heures); le français, la langue vivante, l'histoire-géographie (de 7 à 8 heures); l'éducation artistique (2 heures); l'éducation physique et sportive (2 heures).
- Aux cours obligatoires s'ajoutent des matières facultatives et une période de formation en entreprise d'une durée de 16 à 24 semaines. Cette période en entreprise est prise en compte à l'examen final. Elle est validée par contrôle en cours de formation.
- Le diplôme est donc obtenu à partir de sept épreuves obligatoires et une facultative; trois des épreuves obligatoires se déroulent sous forme d'un contrôle en cours de formation.

DE PLUS EN PLUS DE BACHELIERS

Les chiffres clés

Cet examen national comprend neuf à dix épreuves obligatoires, ainsi que des épreuves facultatives. Des mentions (assez bien, bien, très bien) sont également prévues.

La proportion de bacheliers sur une génération est passée de 3 % en 1945 à 25 % en 1975, pour atteindre le chiffre record de 71,6 % en 2011.

À la session 2011, 661 000 candidats se sont présentés à l'examen du baccalauréat en France métropolitaine et dans les DOM et 566 000 d'entre eux ont été reçus, soit un taux de réussite de 85,6 %. Les reçus au baccalauréat professionnel sont au nombre de 154 000 (une augmentation de 37 000) et dépassent pour la première fois le nombre de reçus au bac technologique : 129 000.

Un bachelier sur deux l'est aujourd'hui dans une filière professionnelle ou technologique

À la session 2011, 50 % des élèves ont obtenu un bac général, 22,7 % un bac technologique et 27,3 % un bac professionnel. En 1995, les proportions étaient les suivantes : 58 % pour le bac général, 28 % pour le bac technologique et 14 % pour le bac professionnel.

Plus de filles reçues que de garçons

Les filles, qui constituent 49 % de la population adolescente, devancent les garçons parmi les effectifs de lycéens et de bacheliers.

Elles représentent 54 % de tous les bacheliers (tous bacs confondus), c'est-à-dire que 67 % des filles d'une génération réussissent en 2002 le baccalauréat, contre seulement 57 % des garçons d'une génération.

La proportion des filles réussissant le baccalauréat est encore plus importante dans l'enseignement général, avec 58 % de filles parmi les bacheliers généraux.

Comme le note Stéphane Beaud dans son livre *80 % au bac... et après ?*, paru en 2002 : « le lycée massifié a favorisé la mixité sociale pour les filles qui sont en attente d'ouverture sociale et mettent le quartier entre parenthèses. Mais, il a échoué pour les garçons, souvent moins assurés scolairement, qui se protègent en restant entre eux. »

Après le bac

Selon *Repères et références statistiques sur les enseignements, la formation et la recherche* (édition 2010), le choix des bacheliers se porte plus vers les filières sélectives et vers les écoles de commerce, paramédicales, etc. que vers les premiers cycles de l'université.

Si l'on regarde le devenir des bacheliers 2008, on s'aperçoit que ceux qui s'inscrivent en premier cycle universitaire ne représentent plus que trois bacheliers sur dix, contre quatre sur dix en 1996. Même pour les bacheliers généraux, le pourcentage d'inscrits en premier cycle universitaire est passé de 56 % dix ans avant à 46 %.

Pour les bacheliers généraux 2008 (95 % de poursuite d'études) :

– filières sélectives (classes prépas, IUT, BTS, écoles de commerce, paramédicales, artistiques...) : 49 % ;

– filières non sélectives (premier cycle universitaire) : 46 %.

Pour l'ensemble des bacheliers 2008 (85 % de poursuite d'études) :

– filières sélectives (classes prépas, IUT, BTS, écoles de commerce, paramédicales, artistiques...) : 54 % ;

– filières non sélectives (premier cycle universitaire) : 31 %.

Les classes post-baccalauréat

Un bachelier général sur trois poursuit une formation dans des classes post-baccalauréat de lycée: sections de techniciens supérieurs (STS), classes préparatoires aux grandes écoles (CPGE).

Les inscriptions

- L'obtention du baccalauréat est nécessaire pour entrer dans les classes post-baccalauréat, mais la décision est prise, sur dossier, avant les résultats de cet examen. Les dossiers d'inscription sont à déposer durant le second trimestre de l'année de terminale, il est également nécessaire de faire une inscription télématique (Ravel, pour la région parisienne).
- Les classes post-baccalauréat STS et CPGE sont des filières sélectives (recrutement sur dossier) qui ont accueilli à la rentrée 2010 22,2% des bacheliers de séries générales (13,3% en CPGE, 8,9% en STS), 45,4% des bacheliers de séries technologiques (44% en STS, 1,4% en CPGE). Un bachelier général et technologique sur trois reste donc en lycée dans ces classes post-baccalauréat.

Les classes préparatoires aux grandes écoles (CPGE)

Les CPGE préparent les concours d'entrée aux grandes écoles, écoles normales supérieures, instituts d'études politiques, écoles d'ingénieurs, écoles de commerce, écoles militaires, etc. Parmi toutes les classes, on distingue les classes «prépas» littéraires, les classes «prépas» économiques et sociales, les classes «prépas» scientifiques (filières du domaine mathématiques-physique-chimie-technologie), la filière biologique, la «prépa véto» qui prépare en un an le concours de l'école vétérinaire, les «prépas» technologiques industrielles.

Les sections de techniciens supérieurs (STS) et la licence professionnelle

- 243000 jeunes sont dans les STS, qui préparent en deux ans au Brevet de Technicien supérieur (BTS). Formations pratiques et sélectives, elles assurent une bonne insertion professionnelle. Il y a 106 spécialités de BTS préparées dans les 2300 STS existantes.
- Près de 80% des possesseurs de BTS trouvent un travail dans les six mois qui suivent l'obtention de leur diplôme.
- Les STS sont aussi des passerelles vers des études supérieures longues: 45% des titulaires d'un BTS choisissent de poursuivre des études en licence professionnelle.
- La formation comporte 8 à 12 semaines de stage et peut se préparer par apprentissage.
- Les licences professionnelles, créées à la rentrée 2000 et dont certaines sont préparées en lycée, ont été obtenues en 2011 par près de 50000 étudiants.

La filière comptable

En un an, dans les lycées, se prépare le diplôme préparatoire aux études comptables et financières (DPECF); il permet l'entrée dans une classe préparatoire (toujours en lycée) pour le diplôme d'études comptables et financières (DECF). 2000 élèves préparent le DPECF en un an; 6200, le DECF en deux ans.

L'ENTRÉE DANS LES GRANDES ÉCOLES

L'élite

72500 étudiants (dont 29000 filles) fréquentent les classes préparatoires aux grandes écoles réparties dans 480 lycées. La plupart sont des bacheliers S (74 %), mais on rencontre également 11,5 % de bacheliers L et 10 % de bacheliers ES. Apparaissant comme l'élite des classes des lycées, les classes préparatoires sont le fleuron d'un certain nombre d'établissements illustres comme Henri IV, qui accueille les classes préparatoires littéraires (classes appelées hypokhâgne), ou Louis-le-Grand, qui se réserve les meilleurs étudiants scientifiques des établissements de la région parisienne.

Bêtes de travail et bêtes à concours

L'accès aux classes préparatoires est très sélectif. Il s'effectue sur dossier au milieu de l'année de terminale. Si l'élève est retenu, le baccalauréat n'est qu'une confirmation. Admis en classe préparatoire pour une durée de deux ans (trois ans si un redoublement est autorisé), le jeune va se lancer dans la préparation des concours aux diverses grandes écoles existantes. Il est clair que le travail fourni dans ces classes est intensif, mais il permet à des élèves refusés au concours d'entrée des grandes écoles de pouvoir, au vu de leurs notes, obtenir assez facilement une équivalence avec un Deug pour poursuivre à l'université en licence.

Le passeport de la réussite sociale

Le système des classes préparatoires est très lié au système français des grandes écoles. Dans chaque secteur, une ou plusieurs grandes écoles de formation, Normale supérieure, Polytechnique, Mines, HEC, etc., recrutent sur concours. L'institut d'études politiques de Paris (Sciences-Po) peut aussi être classé comme une grande école. Son concours d'entrée est préparé en classes préparatoires.

La réussite au concours d'entrée dans une de ces écoles prestigieuses signifie un positionnement social et professionnel réussi pour la vie. Ce système, qui laisse l'université en dehors du recrutement des « élites » favorise l'existence d'un esprit de corps pour ceux qui en sortent.

S'il est vrai, que compte tenu de leur mode de recrutement, les classes prépas sont composées des meilleurs élèves, il ne faudrait pas interdire à d'autres, formés par plusieurs années d'études dans les universités, de pouvoir postuler à l'entrée dans certaines écoles. Forts de leurs bons résultats, les proviseurs d'un certain nombre de lycées de province réagissent et veulent voir respecter les règles d'égalité dans l'accès de leurs élèves aux classes préparatoires et aux concours d'accès aux grandes écoles.

Les instituts universitaires de technologie

Un institut universitaire de technologie (IUT) est rattaché à une université. On y prépare le Diplôme universitaire de technologie (DUT). L'inscription s'effectue sur dossier.

L'enseignement en IUT

- Près de 120000 étudiants sont accueillis dans les 26 spécialités préparées dans les quelque 190 IUT qui sont souvent situés dans des villes moyennes ne possédant pas d'université.
- Ils préparent des spécialités situées pour une moitié dans le secteur de la production et pour l'autre moitié dans le secteur des services.
- La réussite en deux ans des bacheliers généraux est nettement plus forte que celle des bacheliers technologiques et professionnels. Les chances de succès en deux ans sont meilleures dans le secteur des services que dans celui de la production, alors que sur trois années, elles s'équilibrent.

Les diplômes universitaires de technologie (DUT)

Les DUT sont des diplômes de niveau bac + 2. Ils certifient des qualifications valables pour une famille ou une branche de section. Pour chaque spécialité préparée dans les IUT, une commission pédagogique nationale veille aux évolutions technologiques afin d'adapter les programmes aux besoins des entreprises. C'est ainsi que les enseignements généraux représentent 50% du diplôme; les enseignements professionnels et techniques visent à inculquer une solide culture polyvalente des univers professionnels de référence.

Les étudiants

- Les IUT accueillent 68,3% de bacheliers généraux (41,8% de bacheliers S, 24,2% de bacheliers ES et 2,3% de bacheliers L). Ils accueillent 29,6% de bacheliers technologiques (12% de bacheliers STI, 14,6% de bacheliers STG, 3% d'autres bacheliers d'autres séries technologiques) et 2,1% de bacheliers professionnels.
- L'augmentation progressive du nombre de bacheliers généraux dans les IUT a sans doute contribué à valoriser le Diplôme universitaire de technologie, qui n'apparaît plus seulement comme un passeport d'entrée dans la vie professionnelle, mais comme un moyen d'accès en second cycle après une formation encadrée. En outre, il ne demande pas à l'étudiant de gérer une trop forte rupture par rapport à l'organisation des études secondaires.
- La poursuite d'études après un DUT (comme après un BTS) s'est très fortement accrue avec la création de la licence professionnelle. De 60% en 2000, ce pourcentage est passé en 2010 à 81% des étudiants ayant obtenu leur diplôme en deux ou trois ans. Pour 54%, il s'agit d'une poursuite en licence générale ou professionnelle où leur pourcentage de réussite est supérieur à celui des étudiants ayant fait leurs deux premières années à l'université, et pour 27% de poursuite d'études dans d'autres formations du supérieur dont 14% dans les grandes écoles.

L'AVENIR DES IUT

Une crise d'identité

Les IUT, initialement prévus pour former des techniciens supérieurs en deux ans, voient leurs étudiants prolonger de plus en plus leurs études pour conjurer la morosité du marché de l'emploi. Ces instituts sont obligés de reconsidérer leur positionnement par rapport aux sections de techniciens supérieurs (STS) des lycées et instituts universitaires professionnalisés (IUP) créés au sein des universités et permettant de passer une licence, une maîtrise, voire un diplôme d'ingénieur par la voie de l'alternance. Aussi, à la rentrée 1996, les IUT n'ont pu éviter ce que certains médias ont appelé une « crise d'identité ».

Les directeurs d'IUT se sont inquiétés de la faiblesse des dotations, tant en personnels qu'en crédits, pour la mise en place des nouveaux programmes de DUT et pour l'ouverture de nouveaux départements délocalisés. Ils n'étaient pas d'accord avec le ministère sur les modalités de contrôle des connaissances. Ils réclamaient la possibilité d'inscrire dans les textes la notion de note minimale (autour de 7 sur 20) dans la ou les disciplines de spécialité, au-dessous de laquelle le jury peut refuser, même si la moyenne générale est satisfaisante, le passage de première en deuxième année ou la délivrance finale du DUT. La crise a été dénouée par un accord, fin octobre 1996.

En lieu et place de la note éliminatoire de 7 sur 20, le système de la moyenne générale a été retenu. Celle-ci devrait être obtenue dans deux ou trois blocs de spécialités définis par les commissions pédagogiques des IUT. L'obtention du diplôme sera lié à la validation des stages et des travaux personnels. Le droit au redoublement, qui n'existait pas dans les IUT, a été institué.

Les étudiants siègent désormais dans les commissions pédagogiques chargées d'élaborer les programmes et les modalités de contrôle des connaissances.

Vers une grande voie technologique

Ces mesures ne dispensent pas le ministère de mener à son terme une réflexion en profondeur sur la place de l'enseignement technologique et professionnel, afin de clarifier la place et la mission des IUT dans le système universitaire.

Il est nécessaire de rendre plus lisibles les parcours de la voie technologique en définissant les divers niveaux et leurs spécificité, mais aussi les passerelles possibles de l'un à l'autre.

Avec les STS, les IUT, les IUP, il est possible de construire une grande voie technologique d'égale dignité à celle de la voie générale, composante à part entière de l'enseignement supérieur, associant enseignement, stages en entreprise et recherche.

Les licences professionnelles

Les licences professionnelles ont été créées en 2000 pour permettre l'acquisition d'un diplôme de niveau Bac + 3 aux titulaires d'un BTS et d'un DUT.

Pour l'année scolaire 2000-2001, les licences professionnelles concernaient 5 000 étudiants, dont 20 % étaient inscrits en lycée.

26 900 ont été accueillis en 2006 dans les licences professionnelles, soit 12 % des étudiants en licence. Ils ont été 41 300 en 2008, soit 19,3 % des étudiants de licence. Ils sont en 2011-2012 plus de 60 000, soit 30 % des étudiants de licence.

Le cursus universitaire

L'enseignement supérieur accueille aujourd'hui plus de deux millions d'étudiants. Les effectifs des premiers cycles universitaires ont tendance à fléchir aux dépens des filières sélectives et des formations en alternance.

Le cursus LMD

Dans l'optique d'une unification européenne des diplômes du supérieur, a été mis en place le cursus LMD. C'est une architecture basée sur trois grades : licence (bac + 3), master (bac + 5) et doctorat (bac + 8). Les enseignements sont organisés en semestres et unités d'enseignement, donnent droit à des crédits européens (attribution par an de 60 crédits européens) et donnent lieu à la délivrance d'une annexe descriptive au diplôme. Les textes fondateurs de cette réforme sont parus en 2002.

La procédure des crédits européens (ECTS)

- Les parcours de formations sont découpés en «unités d'enseignement». Chacune a une valeur définie en crédits européens reconnus grâce au système européen de transfert et d'accumulation de crédits dit «ECTS».
- Le nombre de crédits par unité d'enseignement est défini sur la base de la «charge totale de travail requise de la part de l'étudiant pour obtenir l'unité», qui tient compte de l'ensemble de l'activité exigée de l'étudiant et, notamment, du volume et de la nature des enseignements dispensés, du travail personnel requis, des stages, mémoires, projets et autres activités.
- Afin d'assurer la «comparaison» et le «transfert» des parcours de formation dans l'espace européen, une référence commune est fixée, correspondant à l'acquisition, après le baccalauréat, de 180 crédits pour le niveau licence et de 300 crédits pour le niveau master. Les crédits sont obtenus lorsque les conditions de validation définies par les modalités de contrôle de connaissances et aptitudes propres à chaque type d'études sont satisfaites.

Les réactions à la réforme

La réforme a été perçue de façon ambivalente par les universitaires et étudiants. Si tous souhaitaient voir les diplômes français reconnus plus facilement dans les pays européens, les modalités d'application spécifiques à la France ont beaucoup fait débat. Certains points ont aussi suscité dans une partie de la communauté universitaire certaines inquiétudes notamment liées :

– au devenir des niveaux intermédiaires existants auparavant et reconnus sur le marché de l'emploi (BTS, DUT, DEUG, maîtrise...). Pour cela, notamment pour les diplômes professionnels, l'«ancien système» est conservé pendant encore plusieurs années ;

– aux modalités d'examens qui ne rendent plus obligatoires certains acquis étudiants (compensation annuelle, rattrapages...) ;

– au risque de fin du cadre national des diplômes, et donc à l'augmentation des inégalités entre universités et entre étudiants : les formations sont mises en concurrence et il est craint, à terme, la mise en place d'une sélection nouvelle dans le cursus.

ADMISSION POST-BAC

« Admission Post-Bac » c'est quoi ?

Le dispositif « *Admission Post-Bac* » a été mis en place pour simplifier les démarches en regroupant sur un seul site l'ensemble des formations de l'enseignement supérieur.

L'élève de terminale de lycée ou le titulaire du baccalauréat ou d'un diplôme équivalent qui souhaite intégrer une première année de l'enseignement supérieur que ce soit au titre des formations relevant du ministère de l'Enseignement supérieur et de la recherche, du ministère de l'Agriculture et de la pêche pour les Brevets de technicien supérieur agricole (BTSA) ou du ministère de la Culture pour les Écoles nationales supérieures d'architecture, doit utiliser la procédure Admission Post-Bac.

Les formations concernées

– *Dans les universités :*

Les Licences (1re année en université) ; les DUT (Diplôme universitaire de technologie) des IUT (instituts universitaires de technologie) ; les PACES (Premières Années Commune de Santé), 4 filières : médecine, pharmacie, odontologie et sage-femme ; les DEUST (Diplôme d'Études Universitaires Scientifiques et Techniques).

– *En lycées :*

Les BTS (Brevet de Technicien Supérieur) ; les BTSA (Brevet de Technicien Supérieur Agricole) ; les CPES (Classe Préparatoire aux Études Supérieures) ; les CPGE (Classe Préparatoire aux Grandes Écoles) ; les prépas des professions paramédicales et sociales.

– *En écoles spécialisées :*

Les DCG (Diplôme de Comptabilité et de Gestion) ; les DMA (Diplôme des Métiers d'Art) ; les Écoles Nationales Supérieures d'Architecture ; les Écoles Supérieures d'Art ; les Formations d'Ingénieurs ; les Écoles de Commerce.

La démarche d'inscription

Le lycéen s'inscrit de fin janvier à début mars par Internet en classant ses vœux par ordre de préférence. Ce dispositif permet de coordonner les admissions dans les formations sélectives qui participent à la procédure afin d'accroître les chances d'admission dès fin juin du plus grand nombre de candidats. En 2010, 92 % des élèves avaient leur affectation définitive dès le 9 juin. Le dispositif prépare également l'inscription des étudiants à l'université en Licence. Pour chacune des formations sélectives, les établissements classent les dossiers reçus en fonction de critères pédagogiques, sans connaître l'ordre des préférences. Lorsqu'une proposition d'admission est faite au lycéen, les vœux classés après celle-ci s'annulent au profit d'autres candidats en attente d'admission sur ces mêmes formations. L'objectif est toujours le même : satisfaire le maximum de candidats. Si un lycéen n'a pas obtenu satisfaction sur ses premiers vœux, une autre proposition d'admission pourra, peut-être, lui être faite à la phase suivante pour un vœu mieux placé.

La loi LRU

La loi relative aux libertés et aux responsabilités des universités (dite loi LRU ou loi Pécresse), initialement intitulée loi portant organisation de la nouvelle université et communément appelée loi d'autonomie des universités, a été promulguée le 10 août 2007.

Les objectifs

- La loi se définit trois objectifs: rendre l'université attractive en diminuant le taux d'échec en premier cycle, le nombre de sorties sans qualification, et le temps de recherche d'emploi après l'obtention d'un diplôme; sortir de la paralysie de la gouvernance actuelle en développant le pouvoir des présidents d'université; rendre la recherche universitaire visible à l'échelle internationale dans le but d'améliorer les positions des établissements français dans les classements internationaux.
- La loi LRU prévoit principalement que, d'ici au 1er janvier 2013, toutes les universités accèdent à l'autonomie dans les domaines budgétaire et de gestion de leurs ressources humaines et qu'elles puissent devenir propriétaires de leurs biens immobiliers.

La nouvelle gouvernance

- Les universités ont dû adopter de nouveaux statuts conformes aux principes de la loi dans les mois suivants sa promulgation et les mettre en application dans l'année.
- L'effectif du conseil d'administration passe d'entre 30 et 60 membres à entre 20 à 30 membres. La composition du conseil d'administration comprend des personnalités extérieures, dont des représentants des collectivités territoriales (notamment la région), du monde socio-économique. La part minimum des étudiants et des personnels IATOS diminue.
- Les pouvoirs du conseil d'administration sont élargis. Il peut directement créer les unités de formation et de recherche, définir les principes généraux de répartition des obligations de service des personnels et proposer la nomination des personnels après avis du comité de sélection.
- Le président de l'université, élu par les membres du C.A., dispose de nouveaux pouvoirs. Il peut embaucher du personnel en contrat à durée déterminée ou indéterminée pour des fonctions d'enseignement, de recherche, techniques ou administratives, y compris des enseignants étrangers.

Les compétences budgétaires et de gestion

- Les universités peuvent se doter de responsabilités et compétences élargies (RCE), soit en le demandant, soit automatiquement dans un délai de cinq ans. Il s'agit de compétences budgétaires (autonomie budgétaire) et de gestion des ressources humaines (recrutement d'agents contractuels et gestion des primes par le président, répartition des obligations de service et création de dispositifs d'intéressement par le conseil d'administration).
- La loi renforce l'autonomie budgétaire des universités. Elles peuvent désormais gérer 100% de leur budget, en particulier la part dévolue à la masse salariale.
- Le budget de l'université peut être alimenté par des fonds privés et des fondations peuvent être créées pour faire venir l'argent du privé.

LA RÉFORME DE L'UNIVERSITÉ

Le plan réussite licence

Face au taux d'échec des étudiants inscrits dans les licences des universités (20 % sortent sans aucun diplôme) bien supérieur à celui des étudiants des autres filières de l'enseignement supérieur, le gouvernement a décidé de mettre en œuvre un plan réussite licence.

Le profil de ces étudiants décrocheurs à l'université montre pour une bonne part la nature de leurs difficultés :

– ce sont des jeunes souvent restés très scolaires qui ne décodent pas les attentes des enseignants sur les formes que doit prendre le travail d'approfondissement des cours ;

– ce sont des bacheliers issus de filières technologiques et professionnelles refusées dans les filières sélectives professionnalisantes (BTS, IUT, écoles spécialisées, etc.).

Le plan réussite licence prévoit une meilleure articulation secondaire/supérieur, notamment pour permettre à l'étudiant s'inscrivant à l'université de ne pas être perdu par la disparition brutale de l'organisation en classes, ce qui n'est pas le cas à l'intérieur des filières sélectives (BTS, IUT, classes prépas...).

Le plan prévoit également un développement du tutorat afin d'aider à la transformation de la relation pédagogique et la mise en place de passerelles avec d'autres filières, notamment professionnalisantes.

Un nouvel arrêté définissant le diplôme de licence a été publié le 1er août 2011. Il prévoit un volume horaire minimum de 1 500 heures avec des enseignants référents et du tutorat pour tous les étudiants. Les programmes des différentes licences se présenteront sous forme de « référentiels », avec définitions des compétences indispensables à acquérir. Tous les cursus de licence devront obligatoirement prévoir la possibilité de proposition de stages aux étudiants.

La mise en œuvre de ces dispositifs est prévue pour la rentrée 2014.

Le tutorat

Le tutorat s'adresse exclusivement aux étudiants de première année.

Ces étudiants peuvent bénéficier du soutien d'étudiants de deuxième ou de troisième cycle dans trois domaines :

– l'aide au travail personnel, à la gestion de l'emploi du temps ;

– l'apprentissage des méthodes propres à l'université ;

– la découverte et l'utilisation des outils documentaires dans les bibliothèques.

Les tuteurs sont recrutés dans les universités, mais aussi dans les écoles d'ingénieurs et les IUFM.

L'enseignement supérieur en 2010

Il y a en France, en 2010, 2 318 700 étudiants inscrits dans l'enseignement supérieur. Parmi ceux-ci, 1 440 000 sont inscrits dans les universités, et près de 900 000 dans d'autres structures, pour l'essentiel au niveau Bac + 2 et Bac + 3.

La France est en train de réussir l'objectif des 50 % d'une classe d'âge titulaire d'un diplôme du supérieur, notamment grâce aux formations professionnelles d'enseignement supérieur.

« On estime en 2009 que 46,4 % des jeunes d'une classe d'âge sont titulaires d'au moins un diplôme de l'enseignement supérieur. Cette proportion est de 53,8 % pour les femmes et de 39 % pour les hommes. » (note DEPP. Ministère de l'Éducation nationale. Ministère de l'Enseignement supérieur. 14 novembre 2011)

L'orientation des jeunes

L'éducation à l'orientation doit se dérouler tout au long du cursus scolaire. Elle est souvent revue et corrigée en fonction de l'évolution des savoirs et des compétences spécifiques. L'orientation doit toujours se faire en collaboration avec les parents et le concours des élèves.

Les moments de l'orientation

Durant la scolarité, les procédures d'orientation interviennent en fin de 6e, en fin de 4e (à partir de 1998-1999), en fin de 3e et en fin de seconde. Dès la fin de leur scolarité au collège, les élèves se trouvent amenés à formuler un premier choix de formation. Ce choix est déterminé en fonction de projets scolaires, voire professionnels à plus long terme. Il présuppose que l'élève ait une bonne connaissance des voies de formation, la maîtrise d'un certain nombre de repères du monde professionnel et une prise de conscience de ses potentialités et de ses aspirations. Ces procédures mettent en œuvre un processus de dialogue entre la famille et le conseil de classe, le plus souvent par l'intermédiaire du professeur principal ou du conseiller d'orientation-psychologue (COP).

Au troisième trimestre, la famille (ou l'élève, s'il est majeur) émet des vœux d'orientation auxquels le conseil de classe répond sous la forme de proposition d'orientation. La décision définitive est prise par le chef d'établissement, qui se garde la possibilité, en cas de désaccord, de rencontrer la famille. Après la décision du chef d'établissement, la famille, si elle n'est pas satisfaite, peut faire appel de cette décision devant une commission. Si celle-ci donne raison à la famille, sa décision s'impose à tous et l'élève est affecté conformément à ses souhaits.

Les procédures d'orientation

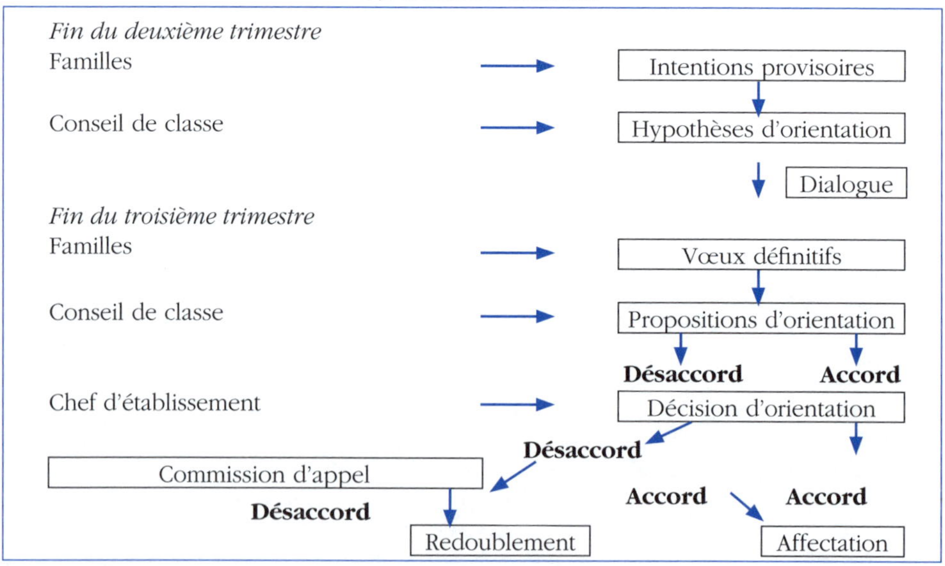

L'ORIENTATION TOUT AU LONG DU CURSUS SCOLAIRE

En primaire

Le conseil des maîtres peut, avec l'accord des parents, allonger la durée du cycle d'un an.

Au collège

Dès la 6e, tout élève accède de droit au collège sauf si le conseil des maîtres formule une proposition contraire. Une commission d'harmonisation, présidée par l'inspecteur de l'Éducation nationale (IEN), établit la liste des propositions de maintien dans l'école primaire. La décision d'orientation en fin de cycle porte sur le passage en 5e ou le redoublement (l'appel est possible auprès de la commission d'appel).

En 5e (à partir de 1997-1998), la règle est le passage en 4e; le redoublement peut être conseillé mais n'intervient qu'à la demande de la famille.

En 4e, la règle est le passage en 3e; le redoublement peut être conseillé mais n'intervient qu'à la demande de la famille. À partir de 1998-1999, la décision d'orientation porte sur le passage en 3e ou le redoublement. Il sera possible de faire appel de la décision auprès de la commission d'appel.

En 3e option générale ou technologique, la décision d'orientation porte sur la classe de seconde générale, technologique ou spécifique, la seconde professionnelle, la première année de CAP post-3e ou le redoublement. Les propositions et les décisions d'orientation peuvent inclure un avis sur les options ou spécialités professionnelles, mais ne sont pas susceptibles d'appel. La famille peut faire appel devant la commission sur les voies d'orientation.

Au lycée

En seconde générale et technologique, les décisions d'orientation sont élaborées en termes de voie d'orientation (série) ou de redoublement. Les choix d'option reviennent à la famille et ne sont pas susceptibles d'appel. L'orientation vers la préparation d'un BEP n'intervient qu'à la demande de la famille ou de l'élève majeur et n'est pas susceptible d'appel. La famille peut faire appel auprès de la commission portant sur le passage en classe de première ou sur la série de la première ou opter pour le redoublement avant ou après l'appel.

En seconde professionnelle, la règle est le passage en terminale de BEP. Le redoublement peut être conseillé, mais n'intervient qu'à la demande de la famille ou de l'élève s'il est majeur.

En première, la règle est le passage en terminale dans la même série. Le redoublement peut être conseillé, mais n'intervient qu'à la demande de la famille ou de l'élève majeur. Un changement de série est possible, uniquement avec l'avis favorable du conseil de classe.

L'élève, à chaque niveau, doit avoir le souci de s'informer auprès de l'équipe enseignante, du conseiller d'orientation du centre d'information et d'orientation, et de prendre connaissance des brochures éditées par l'Onisep.

L'éducation à l'orientation

En collège et en lycée, il est prévu qu'un dispositif d'éducation à l'orientation soit mis en place dans le cadre du projet d'établissement.

Le chef d'établissement est responsable du programme d'éducation à l'orientation.

Il doit permettre à l'élève d'acquérir les compétences requises pour former des choix aussi autonomes que possible et lui permettre de les mettre en œuvre selon des stratégies appropriées.

Il peut s'agir d'interventions dans la classe du conseiller d'orientation-psychologue, d'actions d'information au centre de documentation et d'information (CDI) ou de rencontres thématiques avec des professionnels.

Les programmes scolaires

Périodiquement, les programmes scolaires sont restructurés et réécrits pour faire face à l'évolution des contenus des diverses disciplines et à la modification de leur place dans le cursus scolaire. Ces changements entraînent toujours d'importants débats chez les enseignants et dans le public.

Comment les programmes sont-ils conçus ?

- La loi a confié au ministre de l'Éducation nationale la définition du contenu des formations et donc des programmes. Les programmes évoluent en fonction des réformes structurelles en cours ou de la nécessité de renouveler des textes anciens pour prendre en compte l'évolution des connaissances.

- Les programmes sont le résultat d'un long processus d'élaboration. Le ministre établit un cadrage général de la rénovation de chaque programme et l'adresse au directeur général de l'enseignement scolaire, chargé de conduire le projet. La rédaction des projets de programme est confiée à un groupe d'experts, sous la présidence d'un universitaire ou d'un inspecteur général de l'Éducation nationale nommé par le ministre. Les membres des groupes d'experts sont désignés à titre personnel pour leur compétence professionnelle reconnue.

- Pendant la phase d'élaboration, des consultations régulières sont organisées entre les groupes d'experts et les partenaires habituels, représentant des enseignants, des parents d'élèves, etc. Une étape de consultation publique est organisée : les projets sont mis en ligne et les remarques transmises sont étudiées.

- Au terme de toutes ces étapes d'élaboration et de concertation, le projet de programme entre dans une phase de consultation institutionnelle, qui nécessite le recueil de l'avis du Conseil supérieur de l'éducation (CSE). Cet avis est préparé par des commissions spécialisées par niveau d'enseignement, dont les membres sont choisis parmi ceux du CSE. Le ministre peut décider de recueillir l'avis du Haut Conseil de l'Éducation (HCE).

- Les projets de textes, accompagnés de ces avis, sont soumis au ministre qui en arrête alors le contenu. L'arrêté instituant le nouveau programme est publié au Journal officiel de la République française (JO) et son annexe (le programme proprement dit) au Bulletin officiel de l'Éducation nationale (BO).

Les ressources pédagogiques liées aux programmes

- Le Centre national de la documentation pédagogique (CNDP), éditeur public, produit des revues, des recueils de texte et de documents à destination des enseignants. Ces ressources sont élaborées par des enseignants, des inspecteurs et des universitaires, en lien avec les programmes.

- L'inspection générale de l'Éducation nationale produit des ressources pédagogiques directement déclinées des thèmes à aborder dans les programmes. Ces ressources sont destinées à accompagner les enseignants dans leur travail et leur réflexion. Ces ressources sont disponibles sur Eduscol, eduscol.education.fr.

- Les programmes doivent être publiés 12 mois au moins avant leur entrée en vigueur, sauf décision ministérielle expresse prise après avis du CSE. Pendant cet intervalle de temps, les éditeurs s'emparent des programmes pour élaborer les manuels scolaires.

LES MANUELS SCOLAIRES

Une spécificité française

En France, les enseignants ont une liberté totale de choix et d'utilisation des manuels scolaires, car il n'y a pas d'organe officiel d'habilitation des manuels. La libre concurrence s'exerce donc entre les différents éditeurs. Les auteurs sont, en majorité, des enseignants en exercice auxquels peuvent s'associer des universitaires ou des membres des corps d'inspection.

Le choix des manuels

Ce sont les équipes pédagogiques, réunies à l'initiative du chef d'établissement en conseil d'enseignement, qui choisissent les manuels scolaires en vigueur aux divers niveaux de l'établissement. Le conseil d'administration donne son avis sur « les principes guidant le choix des manuels scolaires, des logiciels et des outils pédagogiques ».

Les manuels scolaires sont achetés par l'établissement sur la base des crédits versés soit par la mairie à l'école primaire, soit par l'État au collège ; ils sont fournis gratuitement aux familles.

En lycée, les manuels scolaires sont achetés par les familles. Le fonds social lycéen peut aider les familles qui auraient des difficultés financières pour les acheter.

Les diverses fonctions d'un manuel

Un manuel a une fonction pédagogique et culturelle. Il est à la fois le dépositaire des contenus d'un enseignement, un recueil d'exercices, un guide méthodologique et un instrument de référence. Il est impératif qu'il soit conforme aux programmes, ce qui n'exclut nullement qu'il apporte des informations complémentaires ou propose des approfondissements. Il doit être enrichi de documents textuels ou/et iconographiques, porteurs de contenus ou pouvant constituer des supports d'activités.

Aujourd'hui, la plupart des manuels comportent des questions méthodologiques propres à chaque discipline ; ils s'accompagnent d'exercices de sensibilisation, d'application, d'intégration et d'évaluation.

Les manuels numériques

L'équipe des enseignants de l'établissement peut décider de choisir des manuels numériques en liaison avec la mise en place d'un espace numérique de travail (ENT) pour mieux personnaliser le travail des élèves et l'aide qu'il est possible de leur apporter en dehors des heures de présence dans l'établissement.

L'intérêt du manuel numérique réside dans le fait que l'élève peut ainsi revoir les phénomènes et les techniques montrés en classe, accéder aux corrections complètes des devoirs et imprimer ou revoir les documents en couleur ou animés si cela lui semble nécessaire.

Il permet en outre un prolongement de la classe hors temps scolaire, car les élèves peuvent également récupérer les documents s'ils ont été absents ou imprimer le plan et les compétences à acquérir en fin de chapitre.

Le cahier de textes numérique peut compléter ce dispositif. Il permet d'informer les parents et de les aider à suivre les études de leurs enfants. Pour la rentrée 2011, le ministère de l'Éducation nationale a demandé que « l'utilisation du cahier de textes numérique au lieu du cahier de textes papier [soit] effective dans tous les établissements. »

Les études surveillées

La rénovation de l'école primaire et du collège a été l'occasion de redécouvrir le rôle pédagogique des études. Aujourd'hui, les directives du ministère proposent des études dirigées et des études encadrées pour aider les élèves à réaliser leur travail en leur donnant les moyens d'apprendre à apprendre.

Une relance des études

Le développement de l'hétérogénéité des classes entraîne une relance des études effectuées en fin de journée par les surveillants, les appelés du contingent exerçant dans l'établissement, voire des intervenants extérieurs en école primaire et au collège. Leur rôle est avant tout de permettre à l'élève de «faire» ses devoirs avant de rentrer à son domicile.

L'organisation pédagogique des études

- En collège, pour la classe de 6e (le cycle d'adaptation), des études sont prévues *pour l'ensemble des élèves* pour 2 heures au moins au-delà de l'horaire d'enseignement.
- Pour tenir compte de la diversité des élèves, le ministère a décidé de moduler les modes d'intervention et de distinguer les *études dirigées*, confiées aux seuls enseignants et dont l'objectif est de favoriser l'acquisition de méthodes de travail personnel, et les *études encadrées*, qui peuvent être animées par d'autres membres de l'équipe éducative ou des intervenants extérieurs et offrir aux élèves qui maîtrisent mieux ces méthodes la possibilité d'un travail autonome.
- Les études dirigées donnent aux élèves les moyens «d'apprendre à apprendre» en leur donnant une aide méthodologique par la préparation des devoirs et des leçons, pour une meilleure appropriation des enseignements dispensés dans les cours.
- Les études encadrées permettent aux élèves d'effectuer leur travail personnel au sein du collège, de disposer de ressources documentaires en bénéficiant de l'aide ponctuelle du responsable de l'étude.

Un encadrement pédagogique complémentaire

- Contrairement à la 6e, en 5e, les études ne concernent pas la totalité des élèves; elles constituent un encadrement pédagogique complémentaire destiné aux élèves qui ne font pas encore preuve d'une autonomie suffisante dans leur travail. Elles sont réservées aux élèves qui ne trouvent pas chez eux les conditions requises pour travailler ou qui ont besoin d'un encadrement supplémentaire.
- L'enseignant travaille avec des petits groupes, guide l'élève dans les documents qu'il a à sa disposition, l'aide à comprendre ce qu'on attend de lui, à effectuer les démarches qui le conduiront à mieux s'approprier les connaissances.
- Au-delà de l'aide à la réalisation des devoirs et à la gestion du temps scolaire, les études créent des relations différentes au sein de la classe; elles permettent aux élèves de s'approprier les processus du travail intellectuel.

LES OBJECTIFS DES ÉTUDES

Permettre à l'élève de se connaître

Les études mises en place dans les collèges sont perçues de façon très positives par les enseignants, sous réserve de respecter deux conditions :

– s'inscrire dans une stratégie globale de l'établissement durant l'année scolaire ;

– s'appuyer sur une liaison renforcée entre ceux qui font les études et toute l'équipe pédagogique, notamment en utilisant des outils de liaison.

Trois objectifs centrés sur l'élève ont été assignés aux études. Celles-ci doivent aider le collégien à :

– mieux se connaître, en le préparant, par exemple, à identifier ses modes personnels d'apprentissage, à réviser ses démarches, à tirer parti de ses erreurs, etc. ;

– mieux s'organiser, par l'apprentissage de la gestion du temps et de l'utilisation d'outils matériels d'organisation du travail ;

– mieux vivre en collège, en facilitant la socialisation et l'institution de groupes de travail et d'entraide entre élèves.

Mieux connaître l'élève

Dans certains établissements, l'élaboration d'un projet annuel d'organisation des études est considérée comme partie intégrante de l'action pédagogique des enseignants. Il s'agit d'éviter d'en faire une séquence de soutien, ce qui incombe aux enseignants pendant leurs heures de cours, ou de se limiter à des exercices plus ou moins ludiques. Il faut, au contraire, aider l'élève à pouvoir transférer les méthodes acquises pendant les cours dans les différentes disciplines.

À travers les études, les enseignants peuvent observer des démarches d'appropriation mises en œuvre par les élèves, identifier les difficultés éprouvées, ce qui peut leur permettre de traiter ces difficultés et, à terme, les aider à mieux prévoir les difficultés que peuvent rencontrer les élèves et à choisir les approches pédagogiques adaptées.

L'étude doit aussi conduire à une véritable collaboration entre enseignants et élèves pour emprunter tel ou tel cheminement, permettant de parvenir aux apprentissages nécessaires à la progression du jeune.

Quelques exemples d'études

Plusieurs possibilités d'horaires existent : un après-midi de 14 h à 16 h ou 16 h 30 ou deux séquences d'une heure en fin de journée. Le choix appartient à l'équipe pédagogique de la classe.

Pour les 6e comme pour les 5e, le premier trimestre est consacré à l'aide méthodologique. Les intervenants sont des enseignants de l'établissement, et notamment, des documentalistes. Leur travail est d'aider les élèves, souvent regroupés en deux groupes, à organiser leur travail, utiliser un manuel, un dictionnaire, etc. Aux deuxième et troisième trimestres, les études sont consacrées à l'aide aux devoirs, les surveillants-maîtres d'internat sont aux côtés des enseignants et le professeur principal joue un rôle de coordinateur entre enseignants et intervenants.

L'aménagement du temps scolaire

Les rythmes scolaires annuels, hebdomadaires et journaliers sont souvent remis en cause. Une tentative d'aménagement des horaires est expérimentée pour rééquilibrer le temps scolaire.

L'aménagement de l'année

- C'est en 1939 que, pour la première fois, le calendrier scolaire annuel est arrêté nationalement par le ministère de l'Éducation.
- En 1986-1987, un découpage est initié 7/2 - 7/2 : sept semaines de travail - deux semaines de vacances. Ce découpage est confirmé par l'article 9 de la loi d'orientation qui déclare que « l'année scolaire comporte 36 semaines réparties en cinq périodes de travail de durée comparable, séparées par quatre périodes de vacances ». Le maintien du découpage en trimestre dans les collèges et les lycées va rendre cet article difficilement applicable.

L'aménagement de la semaine scolaire

- Depuis la rentrée 2008, la semaine scolaire dans l'école primaire se déroule sur quatre jours. Le samedi matin n'est plus travaillé.
- La durée de la semaine est de 24 heures. Les heures libérées (108 heures) par la diminution des horaires sont utilisées pour une partie d'entre elles (60 heures) pour l'aide personnalisée aux élèves en difficulté.
- Le ministère de l'Éducation nationale a laissé la possibilité aux écoles de répartir la semaine sur neuf demi-journées du lundi au vendredi.

Modifier les rythmes scolaires ?

- En juin 2010, a été installée *la conférence nationale sur les rythmes scolaires* qui, selon un document du ministère de l'Éducation nationale « vise à optimiser l'organisation de l'école de façon à mieux prendre en compte les évolutions sociales relatives à l'enfant, à la famille et à la société, en vue d'améliorer les résultats scolaires des élèves. »
- Début juillet 2011, un certain nombre de propositions de mesures ont été remises au ministre de l'Éducation nationale pour application, après négociations avec tous les acteurs concernés, en 2013.

– *Pour la journée :* limitation de la journée scolaire à 5 heures par jour à l'école élémentaire et jusqu'en 5e. On passerait à 6 heures en 4e et 3e. Les journées seraient complétées par 2 heures d'accompagnement éducatif jusqu'en 5e et 1 heure en 4e et 3e. La pause méridienne ne pourrait être inférieure à 1 h 30.

– *Pour la semaine :* pour l'école élémentaire et pour les deux premières années du collège, la semaine ne pourrait dépasser 23 heures de cours, étalées à l'école sur 9 demi-journées au lieu de 8 actuellement.

– *Pour l'année :* l'année scolaire comprendrait 38 semaines de cours séquencées en 5 périodes d'enseignement de 7 à 8 semaines. Il y aurait 8 semaines de petites vacances sur 4 périodes de 2 semaines. Les vacances d'été seraient ramenées à 6 semaines au lieu de 8. Toutes les vacances, sauf Noël, seraient réparties selon trois zones.

EXEMPLES D'AMÉNAGEMENT DES RYTHMES SCOLAIRES

La semaine traditionnelle de cinq jours

Les enfants travaillent les lundi, mardi, jeudi, vendredi et le samedi matin, soit 26 heures. Ce système concerne environ 70 % des écoles. Moins de 7 % des écoles expérimentent des formules d'aménagement sur la journée comme la réduction du temps de classe avec rattrapage sur les congés et intégration d'activités périscolaires.

Les rapports extrêmement négatifs parus en 2001 et en 2002 en Allemagne concernant le niveau des élèves suivant l'école du matin, longtemps citée en exemple en France, qui ont amené le chancelier allemand à consacrer 4 milliards d'euros à un plan progressif d'extension des cours sur l'ensemble de la journée dans les écoles, pèsent sans nul doute sur les hésitations dans le cadre des aménagements sur la journée.

La semaine de quatre jours

Les enfants travaillent les lundi, mardi, jeudi et vendredi, sans venir les mercredi et samedi matin, soit 24 heures. Le temps perdu est rattrapé sur les vacances. 25,8 % des écoles fonctionnent selon ce principe.

Cette semaine de quatre jours est aujourd'hui critiquée par les spécialistes des rythmes de l'enfant. « Aucun résultat ne plaide en faveur d'une telle organisation du temps scolaire », ont rappelé en avril 2001 les scientifiques réunis par l'Inserm.

La semaine de cinq jours aménagée

Comprenant un transfert du samedi au mercredi et une réduction du temps de travail hebdomadaire compensée par des jours de travail pendant le temps des vacances, cette formule concerne 4,2 % des écoles.

En 2001-2002, la ville de Paris a réfléchi, sans aboutir, à la possibilité de transférer les cours du samedi matin au mercredi matin.

L'église catholique, réservée sur le transfert du samedi matin au mercredi matin (car ce jour est traditionnellement celui de l'enseignement religieux, le catéchisme), a, en novembre 2001, infléchi sa position en déclarant par la voix du cardinal Lustiger que « l'Église n'est pas fermée à une adaptation des rythmes scolaires ».

L'expérimentation 2010-2011 « Cours le matin, sport l'après-midi »

Le ministère de l'Éducation nationale a lancé pour la rentrée 2010 un appel d'offres national sur l'aménagement du rythme scolaire autour de la pratique sportive.

« Objectifs éducatifs : aménager le rythme scolaire pour la réussite des élèves : nombre de familles, d'enfants et d'adolescents sont demandeurs d'une offre plus large d'activités physiques et sportives à l'école. Une meilleure prise en compte de la pratique sportive dans les rythmes scolaires peut permettre aux élèves de mieux vivre leur scolarité, d'accroître leur motivation et leur épanouissement et contribuer ainsi à leur réussite scolaire. Elle permet d'améliorer le climat des établissements et d'endiguer les phénomènes de violence à l'école. Cet appel d'offres vise à encourager l'expérimentation de nouveaux aménagements du temps scolaire, en privilégiant la pratique d'activités sportives l'après-midi. Ces organisations nouvelles pourront optimiser et compléter harmonieusement des dispositifs existants (volet sportif de l'accompagnement éducatif, sections sportives scolaires, options facultatives d'EPS, enseignements d'exploration au lycée). » (Note de service du 18 août 2010. B.O. n° 31 du 2 septembre 2010).

L'accueil des handicapés

En 1995, 264 500 jeunes handicapés intellectuels, sensoriels ou moteurs sont accueillis dans des établissements dépendant du ministère de l'Éducation ou du ministère des Affaires sociales et de la Santé. Ils représentent 2,1 % des élèves du premier et second degré.

Les classes d'accueil

- *Les classes d'intégration scolaire (Clis) des écoles du premier degré* (51 000 élèves, environ 29% des élèves handicapés accueillis) ont un effectif limité à 12 élèves. L'enseignement est dispensé par des maîtres titulaires du Certificat d'aptitude professionnelle pour les aides spécialisées, les enseignements adaptés et la scolarisation des élèves en situation de handicap (CAPA-SH) anciennement le Capsais.
- *Les sections d'enseignement général et professionnel adapté (Segpa)* sont des unités spécifiques annexées à un collège. Les Segpa sont dirigées par un directeur adjoint au principal du collège auquel la Segpa est annexée.
- *Le plan Handiscol*: mis en place en 1999, ce plan vise à intégrer des handicapés dans des classes ordinaires. Ont également été mises en place des Unités localisées pour l'intégration scolaire (ULIS) ex-UPI dans les collèges, des postes d'auxiliaires de vie scolaire pour faciliter l'intégration scolaire des handicapés, un diplôme spécifique pour les enseignants du second degré: le Certificat complémentaire pour les enseignants adaptés et la scolarisation des élèves en situation de handicap (2CA-SH).
- *Les lycées d'enseignement adapté (LEA)*, ex-établissements régionaux d'enseignement adapté (Erea) dispensent un enseignement général, technologique et professionnel à des jeunes présentant des handicaps mentaux légers ou des handicaps moteurs ou physiques.

Les classes ou établissements spécialisés

Il existe deux sortes de classes ou d'établissements scolaires créés à l'intention d'élèves ayant besoin d'un régime spécial de vie ou de scolarité: des classes dans les écoles, collèges, lycées pour déficients sensoriels, qui scolarisent les élèves non voyants ou malentendants; des structures scolaires implantées dans des hôpitaux ou des maisons de cure, qui sont annexées à des collèges ou des lycées de l'enseignement public.

Les structures d'accueil des secteurs sanitaires, sociaux et médico-sociaux

- Les établissements sous tutelle du ministère de la Santé accueillent 125 000 jeunes, soit 71% des élèves handicapés, dans une structure spécialisée.
- Gérés pour l'essentiel par des associations, l'Association pour adultes et jeunes handicapés (APAJH) ou l'Union nationale d'associations de parents d'enfants inadaptés (UNAPEI), ces établissements ont la possibilité d'obtenir par voie de conventionnement le concours de maîtres qualifiés de l'Éducation nationale. Ils n'ont pas les mêmes vacances scolaires que les établissements de l'Éducation nationale et doivent ouvrir 210 jours par an pour bénéficier des financements des Directions départementales de l'action sanitaire et sociale (Ddass) et des prix de journées de la Sécurité sociale.

LA LOI DU 11 FÉVRIER 2005 SUR LE HANDICAP

Elle s'efforce de concrétiser le droit des jeunes handicapés à une scolarité en milieu ordinaire.

La scolarisation

L'enfant handicapé est inscrit dans une école, un collège ou un lycée de référence à partir de la rentrée 2006. La loi indique qu'il « est proposé à chaque [personne] handicapée, ainsi qu'à sa famille, un parcours de formation [faisant] l'objet d'un projet personnalisé de formation (PPS) assorti des ajustements nécessaires en favorisant, chaque fois que possible, la formation en milieu scolaire ordinaire ».

Les commissions

La commission des droits et de l'autonomie (CDA), regroupant les compétences des anciennes CDES (commission départementale d'éducation spécialisée) et des COTOREP (commission technique d'orientation et de reclassement professionnel) a été mise en place dans le cadre des maisons départementales des personnes handicapées (MDPH).

Les compétences de la CDA

Statuer sur le cas des jeunes handicapés jusqu'à l'âge de 20 ans pour une éventuelle attribution de l'allocation d'éducation spéciale et pour l'orientation et l'affectation du jeune handicapé ; reconnaître la qualité d'handicapé, évaluer le pourcentage du handicap, désigner les établissements d'accueil ; apprécier si l'état justifie l'attribution de l'allocation aux adultes handicapés ou la carte d'invalidité.
La commission dépend de la maison départementale des Personnes handicapées.

Les personnels

« Les enseignants et les personnels d'encadrement, d'accueil, techniques et de service reçoivent [...] une formation spécifique concernant l'accueil et l'éducation des élèves et étudiants handicapés comportant notamment une information sur le handicap et les modalités d'accompagnement scolaire. »

Les assistants d'éducation

Ils sont affectés aux missions d'aide à l'accueil et à l'intégration scolaires des enfants handicapés. Ils reçoivent une formation adaptée et exercent leurs fonctions auprès des élèves pour lesquels une aide a été reconnue nécessaire.

Les principaux établissements

– Les instituts médico-pédagogiques (IMP) accueillent les jeunes jusqu'à 14, 16, voire 18 ans ;
– les instituts médico-pédagogiques professionnels (Impro) accueillent les jeunes à partir de 12 ans jusqu'à 18 ans, mais une prolongation éventuelle jusqu'à 20 ans ou au-delà est possible.
Ces instituts peuvent être jumelés avec un Centre d'aide au travail (CAT) permettant de faire accéder les personnes handicapées à une vie sociale et professionnelle ;
– les instituts médico-éducatifs (IME) regroupent dans un même ensemble IMP et Impro.

Le ministère de l'Éducation nationale

Les établissements scolaires et universitaires, leurs personnels et leurs usagers sont sous la responsabilité du ministère de l'Éducation nationale et de l'enseignement supérieur.

L'administration centrale

- Le ministre chargé de l'Éducation nationale peut être seul à ce poste ou avoir des ministres délégués ou des secrétaires d'État. Il peut également cumuler ses fonctions avec celles de ministre chargé de l'Enseignement supérieur.
- Le choix de l'organisation des responsabilités concernant l'éducation nationale et l'enseignement supérieur relève du Premier ministre au titre de la répartition des compétences dans le gouvernement.
- Pour mettre en œuvre ses choix, le ministre chargé de l'Éducation nationale et/ou de l'Enseignement supérieur, comme les secrétaires d'État ou ministres délégués est assisté d'un cabinet, composé de conseillers choisis par lui-même, des Inspections générales (Inspection générale de l'Éducation nationale; Inspection générale de l'administration de l'Éducation nationale et de la Recherche…) et d'un secrétariat général du ministère, de directions, services et bureaux.

Les directions

Il existe notamment: la direction générale des enseignements scolaires (DGESCO); la direction générale des ressources humaines; la direction de l'encadrement; la direction des affaires financières; la direction des affaires juridiques; la direction de l'évaluation, de la prospective et de la performance; la direction des relations européennes et internationales et de la coopération; le service des technologies et des systèmes d'information.

Les organismes rattachés et indépendants

- Le haut conseil de l'Éducation;
- Le médiateur de l'Éducation nationale;
- L'observatoire de la sécurité dans les établissements scolaires et dans l'enseignement supérieur.

Le fonctionnement

- Le ministre réunit régulièrement les *recteurs* (le plus souvent une fois par mois) et au moins une fois par an les *inspecteurs d'académie* et les membres des corps d'inspection.
- Une nouvelle organisation de la gouvernance académique a été proposée par le ministre de l'Éducation nationale à l'automne 2011, visant à faire du recteur «la seule autorité compétente dans l'académie» et transformant les inspecteurs d'académie en directeurs académiques.

LES STRUCTURES DU SYSTÈME ÉDUCATIF

Une gestion pédagogique et une gestion administrative

La gestion du système éducatif nécessite une gestion administrative des établissements et une gestion pédagogique des objectifs nationaux de chaque discipline dans la classe.
Alors que l'administration des moyens devrait être éclairée par les réalités des pratiques pédagogiques sur le terrain, le niveau administratif ignore souvent cet aspect et sous-estime le fait qu'un certain nombre de pratiques innovantes ne peuvent pas fonctionner sans moyens.

Deux blocs séparés

Le système éducatif fonctionne trop souvent avec un bloc administratif d'un côté, un bloc pédagogique de l'autre, ce qui gêne la possibilité aux divers niveaux de décision de mettre en place un projet commun d'envergure.

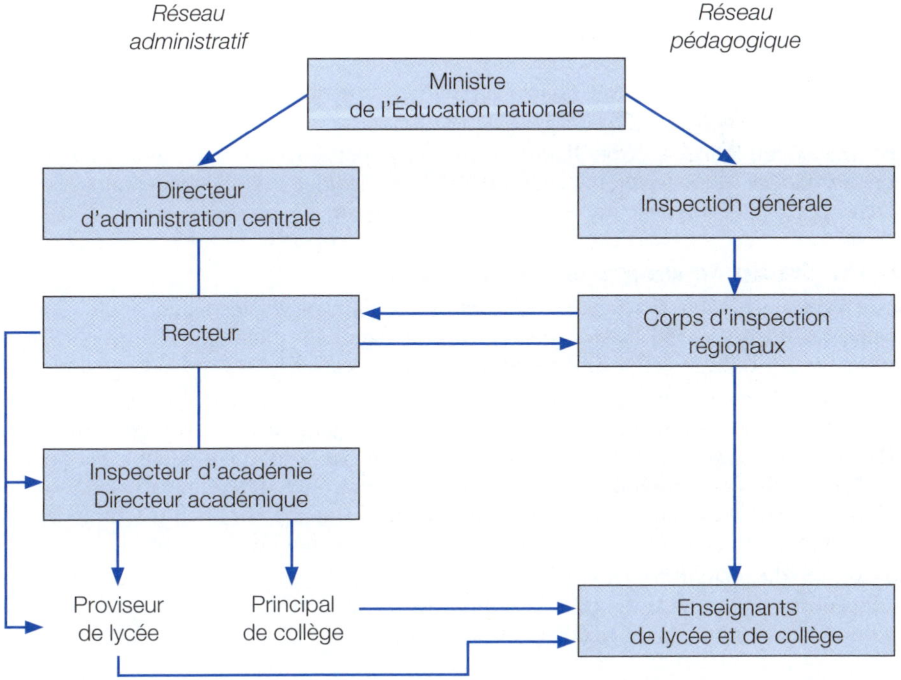

Les médiateurs de l'Éducation nationale

Pour apaiser les malentendus et les conflits entre parents et Éducation nationale et entre enseignants et administration, un médiateur national et des médiateurs académiques ont été créés en décembre 1998. Les usagers et les agents de l'Éducation nationale peuvent saisir un médiateur, de préférence par écrit, après avoir épuisé une démarche administrative normale et ne pas avoir reçu de réponse ou une réponse négative.
Adresse électronique : mediateur@education.gouv.fr.

Le recteur et son académie

Nommé en conseil des ministres, choisi parmi des universitaires, souvent ancien président d'université, le recteur est le représentant du ministre dans une académie.

Le représentant de l'État dans l'académie

Le recteur a compétence dans son académie pour les contenus d'enseignement, l'organisation du système éducatif, les cursus scolaires, la gestion des personnels du second degré. Il préside le conseil d'administration de l'IUFM de son académie.

Existant depuis près de deux siècles, le recteur, en tant que représentant de l'État, peut être affecté dans une autre académie ou se voir retirer sa charge du jour au lendemain. Il retrouve, dans ce cas-là, le poste qu'il occupait dans une université au moment de sa nomination comme recteur.

En 1997, en France métropolitaine et dans les départements d'outre-mer, on dénombre trente académies, donc trente recteurs, depuis qu'en janvier 1997 la Guadeloupe, la Martinique et la Guyane ont chacune été dotées d'un rectorat.

Un champ de compétences étendues

Un certain nombre d'académies se sont dotées d'un projet académique afin de mieux affirmer les nécessités de l'action de l'Éducation nationale, notamment en direction des publics réputés difficiles et pour développer les qualifications.

Les lois de décentralisation ont fait du schéma provisionnel des formations le premier instrument de programmation. Le plan régional de formation professionnelle des jeunes (PRDFJ), dont la compétence est attribuée à la région par la loi quinquennale sur l'emploi, complète ce dispositif en établissant une cohérence entre les différentes modalités de formation, sous statut scolaire, en apprentissage ou en formation continue d'adultes. Les rectorats s'impliquent aux côtés des régions dans la mise en œuvre de ces plans.

Auprès du recteur, fonctionne un certain nombre de services et de directions. Parmi les directions importantes, figure la Direction des personnels enseignants qui s'occupe de la gestion des personnels de lycée et collège de l'académie.

Le Conseil académique de l'Éducation nationale (CAEN)

En fonction de l'ordre du jour, le CAEN est présidé par le préfet de région ou le président du Conseil régional, il peut être suppléé par le recteur ou par le vice-président du Conseil régional chargé des affaires scolaires. Il comprend un tiers d'élus locaux, un tiers de représentants des personnels, un tiers de représentants des usagers.

Le CAEN est notamment consulté pour :

– l'élaboration et le contenu du schéma prévisionnel des formations de second degré ;

– le programme prévisionnel des investissements, subventions de fonctionnement aux lycées, les orientations concernant la formation continue des adultes et les schémas de développement de l'enseignement supérieur.

LA « VALSE » DES RECTEURS

Une mission

Traditionnellement politiques, puisque la nomination des recteurs semble toujours faite sur des critères politiques, les postes de recteurs sont surveillés de près par tous les ministres de l'Éducation nationale. « La fonction rectorale n'est pas une carrière, mais une mission », disait Alain Peyrefitte en 1967.

Entre 1974 et 1981, toutes les académies, sauf celle de Toulouse, ont changé de patron. Le même cas de figure s'est produit entre 1981 et 1986, où seul le recteur de Lyon est resté en place. Entre 1986 et 1988, Jacques Chirac a remplacé 21 des 28 recteurs tandis que la totalité des postes « valsait » de 1988 à 1993. Après le renouvellement massif qui a suivi les élections de 1993 (14 changements en six mois), de juin 1995 à août 1996, 13 nominations sont intervenues, dont trois mutations internes. De 1997 à 2002, la quasi-totalité des académies, sauf trois, a vu un ou plusieurs recteurs se succéder avec, notamment, des changements importants entre 2000 et 2002.

De réelles compétences

La nomination de « fidèles » n'exclut pas la recherche de compétences réelles, puisqu'il faut, par exemple, pour devenir recteur, posséder un doctorat.

Le métier s'est complexifié depuis une douzaine d'années avec la mise en place de la décentralisation et la déconcentration.

De plus, avec l'explosion des effectifs scolaires, les recteurs ont à répondre à des questions aussi cruciales que le nombre de jeunes à conduire à tel ou tel niveau de diplôme, les propositions à émettre concernant le développement des filières générales, technologiques ou professionnelles.

Toutes ces constatations montrent que la durée idéale pour un poste de recteur serait de cinq ans, un quinquennat permettant de mener une action en profondeur, d'élaborer un projet académique, de commencer à en voir certaines réalisations, d'évaluer les conséquences de ces choix. Face à des présidents de région élus pour six ans, nombre de responsables pensent qu'il est temps que cette fonction de recteur, garante du service public, se stabilise et ne soit plus soumise au mouvement intempestif des changements de majorité.

Deux cas particuliers

L'académie de Paris a la particularité d'avoir, au côté du recteur, chancelier des universités, un directeur chargé des enseignements scolaires, placé au-dessus de l'inspecteur d'académie.

Le centre national d'enseignement à distance (CNED) est également dirigé par un recteur.

De la création des recteurs

« Chaque académie sera gouvernée par un recteur sous les ordres immédiats du grand maître, qui le nommera pour cinq ans et le choisira parmi les officiers des académies. [...] Ils résideront dans les chefs-lieux des académies. Ils assisteront aux examens et réceptions des facultés. Ils viseront et délivreront les diplômes des gradés qui seront ensuite envoyés à la ratification du grand maître. Ils se feront rendre compte par les doyens des facultés, les proviseurs des lycées et les principaux de collège de l'état de ces établissements ; et ils en dirigeront l'administration, surtout sous le rapport de la sévérité dans la discipline, et de l'économie dans les dépenses. »

Décret impérial du 17 mars 1808

L'inspecteur d'académie

Dans chaque département, le représentant du ministre de l'Éducation nationale est l'inspecteur d'académie. Nommé par le ministre, sa principale responsabilité est de gérer les écoles et les collèges, ce qui le place directement face au Conseil général et aux élus locaux.

Un profil simple

- L'inspecteur d'académie, directeur des services départementaux de l'Éducation nationale (DSDEN), porte le titre d'inspecteur pédagogique régional-inspecteur d'académie (IPR-IA). Il est chargé de fonctions administratives, de même que les deux adjoints qui, généralement, l'assistent. Il est placé sous l'autorité du recteur pour exercer ses responsabilités d'organisation, de gestion et d'animation dans un département.
- Depuis janvier 2012, l'inspecteur d'académie est devenu le directeur académique des services départementaux.

Des fonctions multiples

- Par délégation du recteur, les décisions concernant l'organisation, le fonctionnement, les contrôles administratifs et financiers des écoles et des collèges, la répartition entre les établissements des emplois de direction, d'éducation, de documentation, d'enseignement et de surveillance, la structure pédagogique des écoles et des collèges, l'instruction de la liste annuelle des opérations de construction ou d'extension des collèges sont de sa compétence. Il a pleine autorité sur les affectations, la répartition des moyens, la gestion des personnels concernant le premier degré. C'est généralement un inspecteur d'académie DSDEN qui préside le jury du concours de recrutement concernant le premier degré.
- L'inspecteur d'académie est aussi responsable de la carte scolaire. C'est lui qui arrête, après avis du Conseil départemental de l'Éducation nationale, les secteurs scolaires de recrutement des collèges.
- Concernant les opérations de construction et de reconstruction de collèges, l'inspecteur d'académie a pour interlocuteur le préfet du département, nommé en Conseil des ministres, qui est le représentant de l'État dans le département et le président du Conseil général. Cet organisme qui gère le département a généralement une commission des affaires scolaires présidée par un vice-président du Conseil général.
- L'inspecteur d'académie est aussi en liaison avec les inspecteurs de l'Éducation nationale (IEN); il est l'interlocuteur des maires sur tout ce qui concerne les écoles et les établissements scolaires de sa commune.

Une vocation de diplomate

Une des périodes les plus importantes dans l'emploi du temps d'un inspecteur est la rentrée de septembre. À cette époque, il lui faut faire preuve de diplomatie, de patience, de compréhension, et d'efficacité car il est celui vers qui convergent toutes les récriminations (celles des parents, des syndicats, des élus). C'est à lui d'assurer la bonne gestion de la rentrée et la distribution des moyens financiers.

L'INSPECTION ACADÉMIQUE

Une multitude de services

Dans la préfecture de chaque département, on trouve une inspection académique. Celle-ci est placée sous l'autorité de l'inspecteur (IA) qui y siège, sauf à Paris où le directeur de l'académie, ayant rang de recteur, en exerce les fonctions. En général, l'inspection d'académie gère les instituteurs et professeurs des écoles du département et intervient pour tous les problèmes concernant les établissements scolaires dudit département. Les diverses commissions départementales existantes y siègent également. On y trouve aussi bien le secrétariat de la Commission départementale de l'enseignement spécialisé que les services d'action sociale ou ceux qui assurent la gestion du plan départemental de formation pour les enseignants du premier degré.
Le service des écoles et celui des collèges sont les interlocuteurs des familles, des personnels et des élus locaux concernant les moyens attribués à ces établissements. Le comité technique paritaire départemental y siège régulièrement.

Un lieu très fréquenté à la rentrée

Lors de chaque rentrée, l'inspection académique est le lieu où se pressent parents d'élèves et élèves à la recherche d'un établissement, auxiliaires en attente de poste, délégations d'établissements réclamant des postes et des moyens supplémentaires, etc.
Certaines inspections académiques s'enrichissent de cellules pédagogiques départementales qui effectuent un gros travail dans le domaine de la prévention de la violence, des conduites à risque des élèves, et dans la mise en place de stages d'établissement.
La plupart des départements ont un groupe départemental ZEP, qui est notamment chargé par l'inspecteur d'académie de la mise en œuvre de la politique ZEP, du repérage des zones sensibles, de l'étude du projet, du suivi des actions, etc.

Le CDEN

Le Conseil départemental de l'Éducation nationale (CDEN), présidé par le préfet ou le président du Conseil général selon les problèmes à l'ordre du jour, est composé de trente membres :
– dix représentants des élus locaux : conseillers généraux désignés par le Conseil général, maires désignés par l'Association départementale des maires ;
– dix représentants des personnels désignés par les organisations syndicales représentatives des personnels ;
– dix représentants des usagers : parents d'élèves, syndicats de salariés et d'employeurs, représentants des associations intervenant dans les écoles.
Le CCEN est notamment consulté sur le réseau des écoles, l'indemnité de logement des instituteurs, les transports scolaires, les éventuelles fermetures de collèges, le programme prévisionnel de reconstruction des collèges (dont la liste définitive est arrêtée par le préfet) et les subventions de fonctionnement du département aux collèges.

Les corps d'inspection

La fonction d'inspection, à tous les niveaux du système éducatif, est importante. Pour l'exercer, le ministère dispose de plusieurs corps d'inspection qui se différencient par leur niveau (national ou régional) et par leur champ d'intervention (pédagogique ou administratif).

Les inspections générales : les corps nationaux

Il y a deux inspections générales ; celle de l'Éducation nationale (IGEN) et celle de l'administration de l'Éducation nationale (IGAEN). Elles ont pour vocation d'évaluer le fonctionnement du système éducatif, la première essentiellement dans le domaine pédagogique, la seconde dans celui de la gestion.

Pour chaque académie, un inspecteur général coordonnateur assure la liaison entre l'inspection générale et les corps régionaux de l'académie, et suit le programme académique de travail.

Les inspections régionales : les corps régionaux

Elles regroupent les inspecteurs pédagogiques régionaux (IPR), les inspecteurs pédagogiques régionaux-inspecteurs d'académie (IPR-IA) et les inspecteurs de l'Éducation nationale (IEN).

Les IPR évaluent les personnels de collège et de lycée. Ils peuvent aussi être affectés dans les IUFM, notamment pour intervenir auprès des professeurs-stagiaires en deuxième année de formation. Les IPR, comme les IGEN, sont membres du jury des concours de recrutement des personnels des lycées et collèges.

Les IPR-IA, en dehors de l'évaluation des personnels et des établissements, doivent : contrôler le respect des objectifs, instructions et programmes ainsi que les examens ; animer, impulser, suivre les projets et les actions innovantes des personnels et des établissements. Parmi les IPR-IA, on distingue :

– les IPR-IA disciplinaires, exerçant leur mission dans une discipline enseignée en collège ou en lycée ;

– les IPR-IA Établissements et Vie scolaire, qui suivent notamment les questions concernant les CPE, les professeurs-documentalistes, les chefs d'établissement et la vie des établissements de second degré ;

– les IPR-IA chargés de fonctions administratives comme inspecteur d'académie, directeur des services départementaux de l'Éducation nationale, délégué académique d'information et d'orientation, directeur du Centre régional de documentation pédagogique.

Les IEN ont les mêmes fonctions que les IPR-IA, mais dans d'autres secteurs. Parmi eux, on distingue :

– Les IEN responsables des écoles maternelles ou élémentaires d'une circonscription ;

– les IEN chargés des questions relatives à l'orientation des élèves et au bon fonctionnement des centres d'information et d'orientation (CIO) ;

– les IEN chargés de l'évaluation et du contrôle de l'enseignement dans les lycées professionnels.

Les inspecteurs des corps régionaux sont placés sous l'autorité des recteurs.

L'IMPORTANCE D'UN IPR-IA

Qui est IPR-IA ?

Les inspecteurs pédagogiques régionaux-inspecteurs d'académie (IPR-IA) occupent une place privilégiée dans l'institution entre le ministre, les professeurs et les élèves.

Le *Bulletin officiel de l'Éducation nationale* du 17 octobre 1996 (n° 37) décrit les actions quotidiennes des IPR-IA dans la mise en œuvre de la politique éducative et la régulation du fonctionnement de l'institution : « Peuvent se porter candidats pour être IPR-IA les enseignants d'université, les professeurs agrégés de l'enseignement secondaire, les chefs d'établissement, les inspecteurs de l'Éducation nationale ayant cinq ans d'ancienneté. »

L'admissibilité est prononcée à partir de l'étude du dossier de présentation de candidature, et s'effectue à partir d'un entretien entre le candidat et le jury du concours.

Le lien entre les textes et le terrain

Admis, l'IPR-IA stagiaire suit sa formation à l'École supérieure des personnels d'encadrement du ministère de l'Éducation nationale (Espemen). Son rôle est d'amener le plus grand nombre à comprendre et appliquer les réformes.

L'IPR, cadre du système éducatif, exerce un métier à la fois pédagogique et administratif ; il est à la fois acteur de la politique académique et relais des orientations nationales données par les directions du ministère et l'inspection générale.

Pour Marie-Françoise Chavanne, IPR-IA d'arts plastiques dans l'académie de Versailles, l'acte d'inspection est l'occasion d'échanger, d'expliquer, d'engager une réflexion. Les professeurs ont d'ailleurs pris conscience de l'aspect positif de cette démarche et sont de plus en plus demandeurs d'une inspection. C'est un moyen pour eux de faire le point sur leur pratique pédagogique. L'inspecteur est là pour construire quelque chose avec le professeur, pour lui ouvrir des pistes de réflexion.

Toujours à l'avant-poste

Le travail de l'IPR-IA consiste également à préparer les sujets de concours et d'examens, à élaborer des jurys de brevet et de baccalauréat, à mettre en place des commissions d'harmonisation, à prendre en charge la coordination de la formation continue de sa discipline au sein de la Mission académique de la formation des personnels de l'Éducation nationale (Mafpen).

Chaque fois qu'un changement intervient dans le système éducatif, l'IPR-IA est à l'avant-poste, et quand on modifie des structures dans le système éducatif, il faut étudier très vite les effets induits.

Son rôle d'évaluation des personnels enseignants et des politiques menées dans la classe est très important, car il va permettre de faire le bilan des réformes, de repérer les innovations transférables et ainsi de mieux piloter les divers niveaux du système éducatif.

L'ESEN

Une École supérieure de l'Éducation nationale (ESEN) a été créée. Elle a pour mission :

– de former des IPR-IA, des IEN et des conseillers d'administration scolaire et universitaire (CASU) ;

– de mettre en place des actions de formation visant à perfectionner les responsables de l'Éducation nationale ;

– d'impulser et de coordonner la formation des personnels de direction.

L'inspecteur de l'Éducation nationale

L'inspecteur de l'Éducation nationale (IEN) est à la fois directeur, inspecteur et responsable des écoles maternelles et élémentaires d'une circonscription. C'est un personnage clé.

Un peu d'histoire

À la fin des années 1980, l'inspecteur départemental de l'Éducation nationale (Iden) est devenu l'IEN. Faute de personnels de direction dans les écoles maternelles et primaires, c'est l'inspecteur de l'Éducation nationale qui est le supérieur hiérarchique direct des enseignants des écoles. Tâche écrasante lorsque l'on sait qu'une circonscription peut compter plus de 70 établissements en primaire.

Sa mission sur le terrain

- Il a pour mission de conseiller, d'inspecter et de noter les personnels des écoles maternelles et élémentaires de sa circonscription, tout en veillant au respect des programmes nationaux. Il donne un avis sur le projet d'école adopté par le conseil d'école avant de le transmettre à l'inspection académique. Il a également un avis à donner sur tout projet de modification des rythmes scolaires dans une ou plusieurs écoles de sa circonscription.
- Assisté par un ou plusieurs conseillers pédagogiques auprès de l'inspecteur de l'Éducation nationale (CPAIEN) et par un conseiller pédagogique de circonscription chargé de l'éducation physique et sportive, il organise et anime la formation continue des enseignants placés sous sa responsabilité et apporte une aide aux enseignants nouvellement nommés.

Son rôle dans les diverses instances

- L'IEN assiste de droit, s'il le désire, aux réunions du conseil d'école. Le conseil des maîtres de l'école qui se réunit au moins une fois par trimestre, sous la présidence du directeur de l'école, doit établir un relevé de conclusions de ces réunions et l'adresser à l'IEN.
- Dans le cas où l'école envisage l'intervention de personnes extérieures apportant une contribution à l'éducation dans le cas des activités obligatoires d'enseignement, il faut l'autorisation du directeur d'école, l'avis du conseil des maîtres de l'école et « l'inspecteur de l'Éducation nationale doit être informé en temps utile de ces décisions » (circulaire du 6 juin 1991).
- Compte tenu des responsabilités qu'ils exercent, les IEN participent au jury des concours de recrutement de professeurs des écoles, particulièrement pour participer aux interrogations orales dans le cadre de l'épreuve professionnelle. Ils participent, tout comme les IPR, au jury de validation des professeurs des écoles stagiaires.
- L'IEN préside la Commission de circonscription pré-élémentaire et élémentaire (CCPE) qui s'occupe notamment des affectations dans les classes d'intégration scolaire (Clis). Les IEN spécialisés en adaptation et intégration scolaire ont des responsabilités dans le cadre des commissions départementales spécialisées.

LE CONSEILLER PÉDAGOGIQUE

Pour l'aider dans sa tâche, l'inspecteur de l'Éducation nationale est entouré d'une secrétaire, d'un conseiller pédagogique auprès de l'IEN (CPAIEN) et d'un conseiller pédagogique de circonscription (CPC) pour l'éducation physique et sportive.

Les responsabilités du CPAIEN

Le conseiller pédagogique assiste l'IEN dans l'organisation de la concertation pédagogique, l'élaboration des documents ou des instruments pédagogiques, le suivi et le contrôle des expériences. Il intervient au niveau de la pratique professionnelle des maîtres.

Il s'agit d'une fonction d'aide et de conseil exercée auprès des maîtres débutants, et d'une action ajustée à la demande et aux besoins auprès des maîtres plus expérimentés et des conseils des maîtres. Il existe des conseillers pédagogiques spécialisés :

– en activités artistiques : éducation musicale, arts plastiques ;
– en langues et cultures régionales ;
– en technologies et ressources actives ;
– en éducation physique et sportive.

Le conseiller pédagogique participe, dans son domaine, à la formation des maîtres, à l'animation des activités périscolaires et au soutien pédagogique des instituteurs et professeurs d'école.

Le recrutement

Les CPAIEN sont choisis parmi les instituteurs-maîtres formation (IMF) selon des modalités qui varient suivant les départements.

Les IMF sont titulaires du certificat d'aptitude aux fonctions d'instituteur ou de professeur des écoles maître formateur (CAFIMF). Ce certificat peut être obtenu par les instituteurs ou professeurs d'école titulaires ayant cinq ans d'exercice.

Il comprend une épreuve d'admissibilité et deux épreuves d'admission. L'épreuve d'admissibilité se compose d'une partie pratique dans laquelle le candidat fait la classe à ses propres élèves devant une commission, et se poursuit par un entretien avec celle-ci.

Les épreuves d'admission comprennent :

– la rédaction et la soutenance d'un mémoire portant sur l'une des activités du programme de l'éducation primaire ;
– la critique d'une leçon faite par un professeur stagiaire ou l'animation d'une discussion pédagogique au sein d'un groupe en formation initiale ou continue.

Lors du passage de l'examen, le candidat peut, afin de postuler ultérieurement à des postes de conseillers pédagogiques, choisir une option et passer un certificat d'étude optionnel concernant l'éducation physique et sportive, l'éducation musicale, les arts plastiques, etc.

Le contrat éducatif local

Une circulaire commune Éducation nationale, Jeunesse et Sports, Culture, Ville a été publiée en juillet 1998 pour présenter « la mise en place du contrat éducatif local et des rythmes scolaires ».

Le *contrat éducatif local* aura un double objectif : assurer une cohérence de l'action publique. Dans les divers domaines qui la concernent ; contribuer à garantir l'égal accès des enfants et des jeunes aux savoirs, à la culture et au sport.

Il est placé sous la responsabilité conjointe du préfet et de l'inspecteur d'académie. Il associe les représentants des collectivités locales concernées, des associations sportives, culturelles et éducatives, les organismes à vocation sociale et les familles. Le rôle des contrats est de fixer l'organisation des activités péri-scolaires avant et après l'école, le mercredi, le week-end et pendant les vacances. Le ministère de l'Éducation nationale offrira notamment le concours des aides-éducateurs pour assurer l'encadrement des activités.

Le chef d'établissement

Le chef d'un établissement de second degré est le représentant de l'État chargé, par délégation du recteur, de veiller à l'application des textes, programmes et règlements nationaux; il est également l'exécutif du conseil d'administration chargé de mettre en œuvre les décisions prises.

Un personnel de direction

Le chef d'un établissement public local d'enseignement (proviseur en lycée, principal en collège) est un personnel de direction recruté par concours. La règle est qu'un chef d'établissement conserve son poste durant trois ans, de façon à stabiliser les équipes. À côté du chef d'établissement, dans chaque collège ou lycée, il y a un adjoint (principal-adjoint en collège, proviseur-adjoint au lycée) qui aide celui-ci à exercer ses missions. Souvent, c'est lui qui va s'occuper de l'emploi du temps des personnels et des classes de l'établissement, de la répartition des salles et qui va présider en lieu et place du chef d'établissement, une partie des conseils de classe.

La mission du chef d'établissement

- Le chef d'établissement est président des diverses instances internes de l'établissement, ordonnateur des recettes et des dépenses, responsable de l'application des décisions du conseil d'administration, responsable du bon déroulement des enseignements et du respect du règlement. Il décide en dernier ressort de l'orientation des élèves.
- Comme représentant de l'État, il a autorité sur les personnels nommés dans l'établissement, il contrôle la bonne marche du service public et le respect des textes réglementaires.
- Il est responsable de l'ordre, ce qui peut l'amener à exclure un élève pour une période maximum de huit jours, à convoquer un conseil de discipline, à interdire l'accès des locaux à toute personne s'il le juge utile.
- C'est lui qui conclut, après accord du conseil d'administration, toute convention au nom de l'établissement, qui fixe le service de chacun des professeurs dans le respect du statut de ces derniers et qui suspend, en cas de difficultés graves, les enseignements.

L'accroissement des responsabilités

- Avec les lois de décentralisation, l'accroissement de l'autonomie des établissements et la mise en place de projets d'établissements, les responsabilités du chef d'établissement se sont considérablement accrues. C'est à lui que revient la charge de mettre en synergie les différents personnels qui l'entourent. Il doit être attentif à tout ce qui peut arriver dans son établissement et se préoccuper de mettre les élèves en position de pouvoir prendre des responsabilités dans le cadre du foyer socio-éducatif du collège ou de la maison des lycées, etc.
- Responsable administratif et juridique, il a un rôle de « pilotage » pédagogique de l'établissement dans le respect du projet pédagogique arrêté par les équipes enseignantes et approuvé par le conseil d'administration.

LA RESPONSABILITÉ DU CHEF D'ÉTABLISSEMENT

Le représentant de l'État

Qui dit accroissement de l'autonomie d'un établissement, dit accroissement des responsabilités. Le fait que le chef d'établissement soit, dans les textes instituant les établissements publics locaux d'enseignement (EPLE), à la fois l'exécutif du conseil d'administration chargé de mettre en œuvre les décisions prises et le représentant de l'État dans l'établissement chargé, par délégation du recteur, de veiller à l'application des textes, programmes et règlements nationaux, a des conséquences juridiques.

L'administration de l'Éducation nationale ne peut plus en effet se réfugier derrière l'anonymat d'un service. Dans le cadre d'un collège et d'un lycée, le chef d'établissement est responsable de la sécurité et du bon fonctionnement de celui-ci.

Il doit s'entourer d'une équipe aux responsabilités précises qui doit régulièrement lui rendre des comptes.

Un entourage pleinement responsable

C'est ainsi que des parents d'élèves ont pu conduire, devant le tribunal, le proviseur et l'intendant d'un lycée de Saint-Denis après la mort de leur enfant, tué par l'écroulement d'un panneau de basket-ball dans la cour de l'école. En première instance, la justice a condamné le proviseur et l'intendant à une peine de prison avec sursis au nom de leur responsabilité à veiller à l'ordre et à la sécurité dans l'établissement. En appel, seul l'intendant a vu sa condamnation maintenue au nom du fait que sa fonction lui donne pour mission de veiller au bon entretien matériel de l'établissement.

Au-delà du formalisme juridique qui a conduit à dissocier les peines et les responsabilités du proviseur et de l'intendant, la décision de justice reconnaît la responsabilité du chef d'établissement lorsque les conditions matérielles de fonctionnement d'un collège ou d'un lycée peuvent mettre en danger les jeunes qui la fréquentent. Or, les chefs d'établissements et les équipes de direction n'ont bien souvent pas les moyens matériels dans leur budget de réparer les dommages. Ils doivent réclamer les crédits, les équipements, les personnels pour les faire fonctionner aux collectivités territoriales concernées et au rectorat. Ils sont totalement soumis aux possibilités financières de ces structures et à leur bon vouloir.

À la suite de l'affaire du lycée de Saint-Denis et afin de mieux préciser les responsabilités de chacun, la loi du 13 mai 1996 a modifié l'article 121.3 du Code pénal et l'article 11 de la loi de juillet 1993 sur les droits et obligations des fonctionnaires en indiquant que le délit n'est pas constitué si la personne concernée « a accompli les diligences normales, compte tenu, le cas échéant, de la nature de ses missions ou de ses fonctions, de ses compétences, ainsi que du pouvoir ou des moyens dont il disposait ».

Cette nouvelle rédaction évite qu'à l'avenir un chef d'établissement ait à pâtir du fait que les travaux, incombant à des collectivités territoriales et dont il avait signalé l'impérieuse nécessité, n'aient pas été effectués. Mais cet article ne dispense pas le chef d'établissement d'agir si la sécurité des élèves est en jeu. C'est ainsi qu'il doit interdire l'accès des élèves à des machines dont il juge que les normes de sécurité sont insuffisantes.

Les personnels enseignants

Un million cent quatre mille personnes sont rémunérées au titre du secteur public dans l'Éducation nationale et de l'enseignement supérieur. Les personnels enseignants titulaires sont fonctionnaires de la fonction publique, qui laisse une assez grande liberté à ses personnels pour gérer leur carrière.

Les obligations

La discrétion professionnelle (droit de réserve) est exigée de tout fonctionnaire, qui est responsable des tâches qui lui sont confiées. Toute faute commise l'expose à une sanction disciplinaire. Il ne peut exercer une autre activité, sauf dérogation acceptée.

Les droits

- Les fonctionnaires ont droit, après service fait, à une rémunération. Ils sont affiliés à des régimes spéciaux de retraite et de Sécurité sociale. Ils ont droit à des congés annuels, de maladie, de maternité, à des congés liés à leurs charges parentales ou pour une formation permanente ou une formation syndicale.
- Une fois par an, les personnels peuvent demander leur mutation. Elle s'effectue sur la base d'un barème et selon la catégorie concernée. Elle est gérée nationalement, ou au niveau académique ou départemental, avec des sorties et des entrées inter-académies ou interdépartements.

Les garanties

La liberté d'opinion, le droit syndical, le droit de grève, la consultation des organismes paritaires, la garantie de l'emploi, l'égalité d'accès des femmes et des hommes aux emplois, la communication de leurs notes et appréciations et de leur dossier sont garantis par leur statut.

Avancement et promotion interne

- La carrière de l'enseignant compte onze échelons, plus une hors-classe de six échelons.
- Les professeurs certifiés et agrégés reçoivent de leur chef d'établissement une note administrative (sur 40) et de l'IPR-IA une note pédagogique (sur 60). Ces notes déterminent la rapidité de passage d'un échelon à l'autre.
- On peut passer à l'échelon supérieur : au grand choix pour 30 % des personnels concernés, au petit choix pour 50 % des personnels, à l'ancienneté pour 20 %. Un enseignant peut bénéficier d'une promotion dans un autre corps par liste d'aptitude.

Les situations administratives

- À part l'activité à temps complet, il existe plusieurs façons de mener sa carrière : en pratiquant une activité à temps partiel, en se mettant à la disposition d'autres associations, d'autres administrations ou d'autres ministères.
- L'enseignant, tout au long de sa carrière, peut bénéficier de stages de formation continue dans le cadre des plans académiques ou nationaux de formation mis en place par les rectorats ou le ministère.

QUELQUES CHIFFRES

1 196 694 personnels travaillent dans les écoles, collèges, lycées, publics et privés et dans les universités en dépendant du ministère de l'Éducation nationale ou du ministère de l'Enseignement supérieur.

Les personnels enseignants

En 2010, ils sont 944 497 (804 043 dans les établissements publics et 140 454 dans les établissements privés).

Les femmes sont majoritaires parmi les enseignants. Elles représentent 66,8 % du total, en particulier dans le premier degré où elles sont 81,5 % dans le public et 91 % dans le privé. Dans le second degré, elles représentent 57,6 % dans le public et 65,8 % dans le privé. Elles ne sont que 36,7 % dans l'enseignement supérieur.

Le premier degré

Les enseignants du premier degré public sont 323 445. Ce sont à 97 % des professeurs des écoles. Ils sont moins de 9 500 à avoir encore le statut d'instituteurs. Ces enseignants sont âgés en moyenne de 39,8 ans : 39 ans pour les femmes (+ de 80 % des personnels concernés), 42,4 ans pour les hommes.

Dans l'enseignement privé (91 % de femmes), sur les 45 500 enseignants du premier degré, seulement 1 200 ont encore le statut d'instituteurs.

Le premier degré se caractérise par un très faible nombre de non-titulaires : 0,1 % dans les écoles publiques.

Le second degré

Les enseignants du second degré public sont 389 008 personnes (57,6 % de femmes). Ces enseignants sont âgés en moyenne de 43 ans, avec un écart d'un an entre hommes et femmes, au profit de ces dernières.

Les certifiés représentent 62,5 % des professeurs du second public (62 % de femmes) et 60,2 % des professeurs du second privé (67,5 % de femmes). Les professeurs de lycée professionnel (PLP) sont 15,4 % des personnels du second degré public (48,6 % de femmes) et 10,7 % du privé (61,3 % de femmes). Quant aux agrégés, ils sont dans le public 12,1 % (51 % de femmes) et 3,4 % dans le privé (46,3 % de femmes). Il y a également dans le public des chaires supérieures (0,5 %) et des PEGC, un corps en extinction depuis 1986 (1,5 %). Dans le privé, ces deux corps représentent moins de 200 enseignants.

Dans ce secteur, il y a une part non négligeable de non-titulaires, vacataires ou auxiliaires. Ils représentent 8,3 % des effectifs du public et près de 25 % des personnels enseignants des établissements privés.

Les stagiaires

En 2010, il y a 17 505 stagiaires du premier comme du second degré en attente de leur titularisation à la fin de leur année de stage.

Les personnels du supérieur

Il y a 74 000 enseignants du supérieur avec une moyenne d'âge de 46,4 ans, dont 4,1 % sont des non-titulaires. Il y a 36,7 % de femmes.

Autres personnels éducatifs

Aux enseignants, il faut aussi ajouter 120 000 assistants de vie scolaire et surveillants, 63 000 assistants d'éducation et 5 300 assistants pédagogiques.

Le conseiller principal d'éducation

Le conseiller principal d'éducation (CPE) a pris la succession du surveillant général à la fin des années 1960. C'est un spécialiste de la relation d'aide et de suivi de l'adolescent.

Le recrutement et la formation

Le concours de recrutement des conseillers principaux d'éducation (CRCPE) se situe au niveau du Capes, se prépare en IUFM pour des étudiants ayant une licence ou un diplôme de niveau bac + 3.

Son rôle

- Le CPE exerce en lycée, lycée professionnel ou collège, il travaille 39 heures par semaine. Il est chargé du suivi des élèves dans tous les domaines de la vie scolaire, coordonne le travail des surveillants d'externat (et, s'il y a un internat, des maîtres d'internat) concernant la surveillance des entrées et des sorties des élèves.
- Il s'occupe aussi des questions de discipline et de respect du règlement intérieur dans l'établissement, notamment dans les couloirs, lors des interclasses et des récréations. Ce rôle, le CPE l'assume en totale concertation avec les enseignants.
- Il a également un rôle essentiel dans la formation des délégués des élèves, dans les débats concernant la rédaction du règlement intérieur, dans l'animation du conseil des délégués-élèves, le texte du décret du 2 février 1993 l'instituant ayant prévu que «les conseillers principaux d'éducation et les conseillers d'éducation assistent aux séances».
- Le CPE participe obligatoirement aux commissions concernant la répartition des aides du fonds social lycéen ou collégien.

Sa mission

- Le CPE est à l'écoute des élèves car il joue un rôle important dans l'organisation de la vie collective des jeunes, ce qui peut l'amener à s'investir dans les missions de type éducatif et pédagogique. Il coordonne souvent les activités qui peuvent se dérouler à l'intérieur du foyer socio-éducatif ou de la maison des lycéens.
- Le CPE est souvent confronté aux conduites agressives des élèves ou à l'intrusion d'éléments extérieurs dans les établissements scolaires. Dans le cadre des mesures de prévention de la violence à l'école, des postes de CPE supplémentaires ont été affectés dans les établissements difficiles pour renforcer l'encadrement.
- Membre à part entière de l'équipe éducative de l'établissement, le CPE apporte dans toutes les instances où il siège, et notamment au conseil de classe, des éléments importants pour la connaissance de l'élève. Le regard du CPE est avant tout celui d'un spécialiste de la relation d'aide et de suivi de l'adolescent ou du jeune adulte, en liaison directe avec sa réussite scolaire et sa formation de citoyen.
- Il bénéficie souvent d'un logement de fonction qui est une compensation des contraintes du métier (service et permanence de vacances, travail éventuel en internat, etc.).

LES SURVEILLANTS

Le pion d'antan

S'il est un métier aussi ancien que celui d'enseignant dans les lycées et collèges français, c'est celui de « pion ». Cette fonction, dont le statut remonte à 1937, a été exercée le plus souvent par des étudiants très proches des lycéens qu'ils « surveillaient ». Ils voyaient là le moyen de financer leurs longues études.

Dans les années 1950, c'est le pion qui assurait les heures de « permanence », où les élèves étaient censés faire leurs devoirs, durant les heures non assurées par les professeurs, et qui, en liaison avec le surveillant général, le « surgé », comptabilisait les absences ou les retards. C'est lui qui, dans les internats, était chargé de veiller au calme des dortoirs et d'organiser des activités socioculturelles.

Le maître d'internat

Aujourd'hui, le travail du pion, même s'il y a des constantes (permanence, gestion des absences et des retards des élèves), a changé au point que l'on rencontre deux types de surveillants :

– les maîtres d'internat-surveillants d'externat (MI-SE), dépendant du rectorat qui les recrute et les affecte dans les collèges et lycées de l'académie ;

– les maîtres de demi-pension, choisis par les chefs d'établissement grâce aux crédits octroyés aux écoles et qui ont pour première mission de surveiller les élèves à la cantine.

Les nouveaux rôles

Dans le cadre de la vie scolaire pilotée par le conseiller principal d'éducation, le surveillant agit pour la socialisation des jeunes et l'apprentissage des règles de vie collective. Il surveille l'entrée et la sortie de l'établissement, les interclasses et les récréations. Il intervient dans le cadre des études dirigées et peut animer des clubs dans les foyers socio-éducatifs et les maisons des lycées.

Son travail, dans un certain nombre d'établissements accueillant des publics difficiles, peut se révéler fort délicat à accomplir, puisqu'il est au premier rang pour l'accueil, la prévention des risques et la sécurité des jeunes. Autant de responsabilités qui le placent bien loin du pittoresque pion d'avant-guerre.

À compter de la rentrée 2003, des assistants d'éducation se substituent aux surveillants et à certains aides-éducateurs. Les collectivités locales participent à leur rémunération.

Le professeur principal

Pour chaque classe de lycée général, technique, professionnel ou de collège, le chef d'établissement désigne un professeur qui a, tout au long de l'année, la mission de coordonner et d'animer l'équipe pédagogique de la classe et d'être l'interlocuteur des familles. Il perçoit une indemnité pour cette fonction.

Les tâches du professeur principal

À chaque niveau du cursus scolaire, un professeur principal est désigné en début d'année par le chef d'établissement, indépendamment de la discipline qu'il enseigne. Son rôle est de coordonner le travail de l'équipe pédagogique, d'animer le conseil de classe et les réunions parents-professeurs, d'aider le jeune à construire son projet d'orientation tout en étant l'interlocuteur privilégié des familles.

Selon la classe, il a des tâches spécifiques:

– en 6ᵉ, il s'aide des résultats de l'évaluation nationale pour élaborer avec les autres enseignants les soutiens et les aides scolaires des élèves. Il a également une responsabilité dans la coordination de l'enseignement de l'éducation civique par toute l'équipe éducative;

– en 5ᵉ, il aide au choix des options à partir d'un premier bilan de scolarité

– en 4ᵉ, il aide à la mise au point de regroupements des élèves en difficulté;

– en 3ᵉ, il contribue à l'information sur les professions et les voies de formations, facilite le choix des options et spécialités du lycée;

– en seconde, il doit coordonner la composition des modules et l'exploitation de l'évaluation et aider au choix des séries et des options;

– en première et en terminale, il coordonne également les modules de première et il guide le choix des poursuites d'études, des spécialités, et informe sur les voies postbaccalauréat.

Animer la classe et l'équipe pédagogique

Dans de nombreux établissements, notamment en collège, le professeur principal a aussi pour fonction d'animer des heures de «vie de classe» ou de «méthodologie», pour aider l'élève à organiser son travail.

L'observation continue et l'évaluation des connaissances et des compétences de l'élève sont prioritaires et doivent faire l'objet d'explications et de bilans réguliers.

L'interlocuteur privilégié des familles

Le professeur principal réalise cette fonction lors des rencontres parents-professeurs et lors des entretiens individuels. Dans les établissements classés «sensibles», il y a deux professeurs principaux par classe.

Pour les tâches de suivi individuel, d'information et d'orientation, le professeur principal établit les synthèses avec le conseiller d'orientation-psychologue (COP), le CPE, l'élève et sa famille. Il peut également faire appel au médecin scolaire, à l'infirmière, à l'assistante sociale. Il prépare les conseils de classe, qu'il peut présider si le chef d'établissement n'est pas là; c'est lui qui établit la synthèse des résultats de l'élève qui figure sur le bulletin.

DE LA NÉCESSITÉ DE TRAVAILLER EN ÉQUIPE

Passer d'un exercice solitaire du métier à un exercice solidaire

Pour se trouver dans les meilleures conditions pour accomplir son activité pédagogique dans la classe, l'enseignant doit, plus que jamais aujourd'hui, concevoir que son enseignement nécessite un exercice moins solitaire du métier. Celui-ci doit de plus en plus être exercé comme un travail d'équipe rassemblant tous ceux qui participent à la mise en œuvre du projet de l'établissement.

Un enseignant doit faire sentir à son groupe d'élèves qu'il est un élément d'un ensemble cohérent (l'établissement), qu'il est en liaison avec tous les autres acteurs de la formation, les autres enseignants comme les personnels d'éducation ou l'équipe de direction.

De la même manière, il doit montrer aux élèves que tous les adultes de l'établissement peuvent être des personnes de référence. Ce comportement doit se traduire dans son activité quotidienne (propreté des salles, des couloirs, etc.), preuve qu'il reconnaît le rôle important des personnels Atos, par exemple. Une attitude de mépris ou d'ignorance vis-à-vis des personnels qui font fonctionner matériellement l'établissement ne pourrait que faire « sonner creux » tout discours sur la revalorisation du travail manuel…

La solidarité en Seine-Saint-Denis

Dans un collège de Seine-Saint-Denis, à la suite d'un grave incident, le principal a réuni, durant toute une journée, l'ensemble des adultes y intervenant (de la concierge à l'intendant, des pions aux enseignants, le personnel de service) pour réfléchir sur l'attitude à tenir. Cette journée de réflexion a permis de mettre sur pied un discours commun qu'ils ont pu tenir aux élèves et aux familles, lors de leurs rencontres dans le quartier. Résultat : l'incident a été circonscrit, l'équipe de l'établissement s'est trouvée soudée et les liens entre le collège et son environnement ont été renforcés.

Cet incident a permis de montrer aux élèves (et peut-être aux membres de l'équipe) que personne ne peut immédiatement avoir réponse à tout, que le professeur ne peut pas être en même temps enseignant, éducateur, infirmier, assistant social, surveillant, etc., et qu'il a besoin des autres pour exercer au mieux l'éducation dont il a la charge. Par ailleurs, face à un problème spécifique, les élèves ont compris que l'enseignant ne se désintéressait pas d'eux, mais qu'il pouvait les aiguiller vers le personnel professionnellement compétent. De son côté, ce personnel a pu faire sentir aux jeunes qu'ils ne sont pas isolés de l'équipe enseignante, mais qu'ils travaillent avec elle.

L'indemnité de suivi et d'orientation

La fonction de professeur principal est rémunérée par une indemnité modulable selon les classes où elle est exercée. Elle s'étage de 760 euros à 1 220 euros selon les niveaux d'enseignement, elle est plus conséquente pour ceux qui sont à un palier d'orientation, comme la 3e ou la seconde.

Le conseiller d'orientation-psychologue

Le conseiller d'orientation-psychologue (COP) aide les élèves à construire d'autres rapports avec la scolarité, à avancer dans la voie de la réussite et à envisager le futur positivement.

Une formation de psychologue

- Le conseiller d'orientation, devenu conseiller d'orientation-psychologue au début des années 1990, est rattaché à un centre d'information et d'orientation (CIO) après avoir été recruté sur concours au niveau de la licence et avoir effectué un passage dans un des trois centres de formation des conseillers d'orientation pour acquérir un diplôme d'État de COP.

Une seule personne pour plusieurs postes

Le COP n'assure pas une présence permanente dans un établissement, mais une présence hebdomadaire. Il partage son activité entre plusieurs établissements et le CIO auquel il est rattaché. Ce qui n'est pas sans poser quelques problèmes, car le COP, souvent écartelé entre trois ou quatre établissements, a bien du mal à répondre à l'investissement qui lui est demandé. Cela est regrettable car, dans la détermination des choix et des projets, la construction de l'identité et la place que prend la scolarité dans cette élaboration occupent une place centrale.

Une mission d'aide, d'observation et d'entretien

- Le COP est là pour aider l'élève à s'orienter, c'est-à-dire à faire lui-même ses choix. Pour cela, il propose des questionnaires d'orientation et peut être amené à faire des bilans psychologiques.
- Il peut intervenir, dans une classe, à son initiative ou sur proposition du professeur principal, recevoir en entretien, à leur demande ou à celle d'un enseignant ou du professeur principal, un ou plusieurs élèves. L'action des COP s'exerce lors de la commission d'appel, puisqu'un directeur de CIO siège dans cette dernière instance.
- L'action d'observation, d'entretien que mène le COP et l'aide qu'il apporte à l'élaboration du projet personnel de l'élève lui permettent d'apporter un éclairage spécifique aux conseils de classe où il peut être invité, à sa demande ou à celle du professeur principal ou du chef d'établissement.
- Le jeune doit pouvoir, avec l'aide de ses professeurs, de ses parents, des conseillers d'orientation, mûrir son projet lui-même.

Un travail de collaboration

La mise en expérimentation au collège de séquences d'éducation aux choix entre les COP et les enseignants pose la question de la collaboration de ces personnels pour permettre l'élaboration du projet d'orientation scolaire et professionnelle de l'élève. Ce projet doit également tenir compte des aspirations et des capacités de l'élève, ainsi que de la disponibilité des COP dans les établissements scolaires.

CIO ET ONISEP

Le centre d'information et d'orientation

Il existe un centre d'information et d'orientation (CIO) par district. Un district concerne le plus souvent une dizaine de collèges et de cinq à six lycées.

Le CIO, géré par un directeur recruté sur une liste d'aptitude parmi les conseillers d'orientation-psychologues, est le service d'attache de ces derniers.

C'est un centre de ressources pour le public, particulièrement pour les jeunes qui cherchent des informations ou des conseils sur toutes les questions se rapportant aux études, formations et métiers. On peut y acheter et y consulter les brochures de l'Onisep.

Le CIO collabore avec tous les établissements scolaires du second degré du district et organise des interventions dans les classes, notamment en fin de cycle, pour guider le jeune dans ses choix.

Ce service public de l'Éducation nationale est en relation avec les autres services et organismes concernés par l'insertion professionnelle des jeunes : missions locales pour l'emploi, Agence nationale pour l'emploi (ANPE), services sociaux, permanences d'accueil, d'information et d'orientation (PAIO).

L'Office national d'information sur les enseignements et les professions

L'Office national d'information sur les enseignements et les professions (Onisep, site Internet : www.onisep.fr) édite et diffuse des brochures sur les filières d'études, remises à tous les élèves aux différents paliers d'orientation. Il publie trois collections qu'on peut acheter notamment à la librairie de l'Éducation (13, rue du Four 75006 Paris), dans ses délégations régionales et dans les centres d'information et d'orientation :

– *les cahiers* sont consacrés à l'enseignement technologique et professionnel : diplômes, débouchés ;

– *les dossiers* informent sur les voies du lycée, les baccalauréats et l'enseignement supérieur ;

– *Avenirs* est consacré aux métiers et à l'emploi, secteur par secteur.

L'École au Cœur de la Vie

En 1997, l'Onisep a publié des cassettes audiovisuelles intitulées « L'école au cœur de la vie », à destination des familles d'origine étrangère. Elles expliquent en français, arabe, turc, tamoul, etc., les structures, le fonctionnement et les programmes de l'école française.

Les documentalistes

Les documentalistes font partie des personnages clés des établissements. Leur action pédagogique permet aux enfants de s'entraîner à travailler de façon autonome dans les centres de documentation et d'information (CDI) qui, avec l'arrivée des nouvelles technologies, se transforment progressivement en médiathèques.

Devenir documentaliste

Il suffisait, entre 1970 et 1990, d'avoir une licence d'enseignement pour devenir documentaliste. Trois types de recrutement étaient alors possibles :

– le recrutement des maîtres-auxiliaires, titulaires dans les années 1980 comme adjoints d'enseignement ;

– le recrutement des professeurs titulaires d'une discipline devenant documentaliste par le biais d'une liste d'aptitudes ;

– le recrutement parmi les professeurs se sentant en difficulté dans leurs classes.

Depuis 1989, les documentalistes sont recrutés par un Capes documentation. Ils n'ont pas de programme à enseigner ; ils ont, pour leurs trente heures de service hebdomadaire, un certain nombre de missions à accomplir ; ils doivent par exemple, initier et former des élèves à la recherche documentaire ; gérer le centre de ressources documentaires multimédia ; participer à l'ouverture de l'établissement sur l'extérieur ; lier leurs activités à l'action de l'établissement, notamment dans le cadre du projet d'établissement, etc.

Le centre de documentation et d'information (CDI)

Les CDI sont nés, en 1973, de la nécessité ressentie dans les établissements d'avoir une bibliothèque et un lieu où trouver de la documentation et des outils pédagogiques pour les enseignants et les élèves. Ils sont les héritiers des bibliothèques de lycées, des services de documentation et d'information (SDI) des lycées destinés aux enseignants, etc. L'arrivée massive des nouvelles technologies transforme progressivement le CDI en médiathèque. Outre les supports traditionnels, on y trouve maintenant vidéodisques, CD-Rom, documents audiovisuels divers, etc.

Les collectivités territoriales ont favorisé l'aménagement ou le réaménagement de CDI fonctionnels dans nombre d'établissements. Cet aménagement doit contribuer à faire du CDI un lieu accueillant, libre d'accès, où les élèves puissent lire ou travailler sur des documents en groupe ou individuellement, emprunter des ouvrages, etc.

L'aide au travail personnel de l'élève

Le ou la documentaliste fait acte pédagogique au sens le plus large du terme, par les techniques de recherches et de travail qu'il ou elle apporte aux élèves, par le climat d'autonomie qu'il ou elle a su créer et par la qualité nouvelle de la relation établie.

Le travail autonome n'est pas une technique particulière aux seuls élèves qui réussissent ; par la confiance qu'il donne à l'élève, par les possibilités d'affirmation de soi-même qu'il offre et la variété des aptitudes qu'il met en œuvre, il peut contribuer à résorber certaines difficultés scolaires. Pour ce type d'activités, le ou la documentaliste est pleinement associé(e) à l'action de l'équipe pédagogique.

LE CDI

Pour une maîtrise des savoirs fondamentaux

L'école s'est ouverte à l'audiovisuel et à l'informatique en incluant dans ses programmes une initiation à la lecture de l'image et ce, dès la maternelle.
Le renforcement de l'équipement des établissements scolaires s'est poursuivi grâce à leur mise en réseau informatique, à la généralisation de leurs équipements audiovisuels et à la transformation des CDI en véritables médiathèques.
Le centre de documentation et d'information est le lieu où tout élève peut venir consulter des ouvrages, découvrir les ressources des multimédias et apprendre, avec l'aide des documentalistes, à maîtriser la multiplicité des sources d'information.
Savoir où et comment trouver une information est aujourd'hui décisif pour permettre aux jeunes « d'apprendre à apprendre ». Une réflexion est ouverte pour transformer les CDI en Centres de Connaissances et de Culture (3C), centres de ressources numériques ouverts sur l'extérieur.

Logiciels, télévision et Internet

La production de logiciels selon la procédure de la licence mixte, dont l'usage permet la disposition, à des prix attractifs, des produits présentant un intérêt pédagogique sélectionnés par des commissions d'experts, s'est développée. Cent mille logiciels sont achetés chaque année par les établissements scolaires. En 1997, la même procédure sert pour la création de produits pédagogiques intégrant l'image sur de nouveaux supports optiques ou numériques.
Les ressources offertes aux établissements et aux enseignants par la « chaîne du savoir et de la connaissance » (la 5e chaîne) font l'objet d'informations régulières.
Un certain nombre d'établissements de tous niveaux d'enseignement se sont connectés à Internet, notamment pour développer des échanges avec l'étranger, entre élèves, entre enseignants, entre établissements.

L'espace numérique de travail (ENT)

Un espace numérique de travail est un ensemble intégré de services numériques, choisi, organisé et mis à disposition de la communauté éducative par l'établissement scolaire. À ce titre, il constitue le système d'information et de communication de l'établissement, en offrant à chaque usager (enseignant, élève ou étudiant, personnes en relation avec l'élève, personnel administratif, technique ou d'encadrement) un accès simple, dédié et sécurisé aux outils et contenus dont il a besoin pour son activité dans le système éducatif.
La mise en place d'un ENT part du principe que l'école ne s'arrête pas aux murs de l'établissement, il faut veiller à ce que chacun puisse s'approprier l'outil selon ses besoins et ses méthodes de travail.

Les visioconférences

Les nouvelles technologies sont également utilisées en liaison avec l'enseignement à distance pour la mise en place d'un certain nombre d'options. C'est ainsi que sept académies proposent aux élèves des options comme le chinois, le japonais, l'histoire des arts, la technologie des systèmes automatisés, en s'appuyant sur la visioconférence. Ainsi, les élèves d'un lycée peuvent suivre un cours de langue devant un écran de télévision surmonté d'une caméra, un ordinateur relié au réseau Numeris. Ils sont en liaison interactive image et son avec un autre établissement où se trouve le professeur. Professeurs et élèves se voient et s'entendent en permanence, comme s'ils étaient dans la même classe.

Les personnels Atoss

Près de 220 000 personnes appartiennent aux personnels administratifs, techniques, ouvriers, de services sociaux et de santé (Atoss) dans les rectorats, les inspections académiques, les universités et les établissements scolaires du second degré. 95 000 TOS des lycées et collèges vont être décentralisés.

Des personnels de référence

Personnels de cantine, secrétaires de direction et secrétaires administratifs, gestionnaires, agents de service et de laboratoire, ouvriers professionnels, assistants sociaux, infirmiers, médecins scolaires, etc., tous sont des adultes de référence pour les élèves. Ils doivent être pleinement reconnus en tant que partie prenante de la communauté éducative.

Le département et la région assurant l'accueil, la restauration, l'hébergement ainsi que l'entretien général et technique des établissements dont ils ont la charge, les personnels techniques, ouvriers et de service (TOS) vont être décentralisés. Des inquiétudes sont apparues à l'occasion de cette décentralisation concernant la participation de ces personnels à l'équipe éducative de l'établissement où ils jouent un rôle fondamental dans son bon fonctionnement.

Les personnels du service social et de santé

Ces personnels ont un rôle actif à jouer dans le cadre de la politique de prévention autour des problèmes de santé publique, comme la toxicomanie, les maladies sexuellement transmissibles ou le Sida.

L'infirmier, l'assistant social ou le médecin scolaire jouent un rôle dans le comité d'environnement social, quand il existe auprès de l'établissement, ou dans des clubs santé, dans le cadre du foyer socio-éducatif ou de la maison des lycéens.

Cependant, compte tenu des problèmes existant dans de nombreux établissements, ces personnels sont en nombre très insuffisant. On dénombre un médecin scolaire pour 10 000 élèves, tous les établissements de second degré n'ont pas d'infirmier; un assistant social a en moyenne quatre ou cinq établissements en charge.

Les responsables de la gestion et de la comptabilité des établissements

On les appelle généralement les gestionnaires ou les intendants. Ils sont responsables du fonctionnement matériel, de l'entretien de l'établissement et de l'organisation de la demi-pension.

À l'intérieur de la filière administrative, on distingue :

– les secrétaires d'administration scolaire et universitaire (Sasu), affectés dans les lycées, les collèges, les universités, les inspections académiques, les rectorats ;

– les attachés principaux d'administration scolaire et universitaire (Apasu), souvent responsables de la gestion matérielle et financière des établissements ;

– les conseillers d'administration scolaire et universitaire (Casu), qui gèrent l'administration des établissements supports d'un bureau de liaison des traitements (BLT), celle des établissements publics nationaux ou encore des universités.

DES CATÉGORIES MULTIPLES

L'importance de la manutention

Il existe plus d'une vingtaine de catégories des personnels administratifs, techniques, ouvriers, de service, de santé et des services sociaux (Atoss). Les plus nombreux (près de 92 000) sont les ouvriers et les contremaîtres, qui représentent plus de 40 % de ces personnels. Les commis, agents et adjoints administratifs sont près de 38 000, soit 17 % des Atoss. Les trois catégories de personnels qui viennent ensuite sont : les secrétaires, qui représentent 7 % des personnels (17 000) ; les agents, adjoints et aides techniques, qui sont à peu près 10 000 (un peu moins de 5 %) et les attachés, qui sont près de 9 000 (un peu plus de 4 %).

Ouvriers et contremaîtres	92 000
Commis, agents, adjoints administratifs	38 000
Secrétaires	17 500
Agents, adjoints, aides techniques	10 000
Attachés administratifs	9 000
Ingénieurs et techniciens de recherche	9 000
Services sociaux et de santé	8 000
Personnels de laboratoire	4 500
Divers	7 000
Non-titulaires	24 000

À elles seules, ces cinq catégories représentent près des trois quarts des personnels Atos. Il faut signaler que plus de 10 % de ces personnels sont des personnels auxiliaires ou contractuels.

Le tableau ci-contre n'inclut pas les contrats emploi-solidarité (CES), qui aident pourtant de manière décisive au fonctionnement de bon nombre d'établissements.
Les personnels techniques, ouvriers, de service chargés de l'entretien de l'établissement sont rémunérés par les collectivités territoriales concernées : département pour les collèges ; région pour les lycées. Ceux des écoles maternelles et primaires sont des fonctionnaires territoriaux sous la responsabilité du maire de la commune.

La modernisation de l'administration : une attente des personnels Atoss

La nécessité de moderniser l'administration de l'Éducation nationale passe par une maîtrise rigoureuse des moyens et la mise en œuvre des technologies nouvelles.
La maîtrise des moyens demande de réorganiser les achats, de veiller aux dépenses d'organisation des examens et concours, de réduire les frais de déplacement, les crédits de vacations et de suppléances, de rénover les outils de gestion et d'information.
Parmi les technologies nouvelles, l'installation d'un courrier électronique entre les services est à l'étude. Il permettrait une communication en temps réel pour les sujets nécessitant une décision immédiate, ce qui entraînerait une économie de temps appréciable pour les personnels concernés.

Les élèves

L'école a toujours eu pour vocation de permettre aux jeunes d'acquérir des connaissances et de construire leur autonomie. Mieux les responsabiliser, telle était une des missions dévolues à l'école, il y a un siècle. Cette mission n'a pas changé, elle est même de plus en plus d'actualité.

Une construction progressive tout au long de la scolarité

- Faire des élèves des acteurs à part entière des écoles, collèges et lycées est une action qui s'effectue tout au long de la scolarité.
- Des classes coopératives des écoles primaires aux responsabilités prises dans les clubs existant dans les établissements scolaires, divers dispositifs permettent aux élèves d'exercer un certain nombre de responsabilités.

Les délégués-élèves

- La fonction de délégué-élève participe à la construction de la responsabilisation du jeune. De plus en plus, son rôle est redéfini comme celui d'un porte-parole des élèves de la classe.
- Dans chaque classe, il y a deux élèves élus comme délégués. Ils siègent au conseil de classe, peuvent bénéficier d'une formation pour exercer leur rôle, élisent les délégués qui siégeront au conseil d'administration, à la commission permanente, donc au conseil de discipline (en collège, les élèves de 6e ne peuvent pas être élus), participent en lycée à la conférence des délégués des élèves.

Les obligations des élèves

- La loi d'orientation de 1989 a prévu que soient clairement explicités les obligations et les droits des jeunes.
- Les obligations définies sont, notamment, le respect des principes de laïcité et d'assiduité et l'acceptation du règlement intérieur.
- L'obligation d'assiduité consiste, pour les élèves, à se soumettre aux horaires d'enseignement définis par l'emploi du temps de l'établissement.

Les droits reconnus

- Les droits reconnus pour les élèves dans les textes réglementaires sont la liberté d'association, de réunion et de la presse. Le fonctionnement, à l'intérieur des lycées, d'associations déclarées est reconnu.
- Le droit de réunion s'exerce en dehors des heures de cours prévues à l'emploi du temps des participants. Le règlement intérieur fixe les conditions d'exercice de ce droit après consultation, dans les lycées, du conseil des délégués des élèves.
- La liberté de la presse s'exerce sans autorisation ni contrôle préalable et dans le respect du pluralisme. Les publications rédigées par des lycéens peuvent être librement distribuées dans l'établissement. Le chef d'établissement conserve un pouvoir essentiel, celui de conseil, d'encouragement et de mise en garde.

LES LIEUX D'EXPRESSION DES JEUNES

La conférence des délégués des élèves

Depuis la rentrée 2000, dans les lycées, une conférence des délégués des élèves de chaque classe est réunie à l'initiative du chef d'établissement au moins trois fois par an.

Le ou les adjoints du chef d'établissement, les conseillers principaux d'éducation et les conseillers d'éducation assistent aux réunions.

La conférence des délégués des élèves donne son avis et formule des propositions sur les questions relatives à la vie et au travail scolaires.

Les conseils des délégués pour la vie lycéenne

Dans les lycées, le conseil des délégués pour la vie lycéenne, présidé par le chef d'établissement, est composé de 10 lycéens (3 élus pour un an par les délégués des élèves de chaque classe et 7 élus pour deux ans au suffrage direct par l'ensemble des élèves du lycée).

Assistent aux réunions, à titre consultatif, après avoir été élus par le conseil d'administration, 5 représentants des personnels d'enseignement ou d'éducation, 3 représentants des personnels ATOSS, 2 représentants des parents d'élèves.

Ce conseil formule des propositions sur la formation des représentants des élèves et l'utilisation des fonds lycéens.

Il est obligatoirement consulté sur les questions relatives aux principes généraux de l'organisation des études, l'organisation du temps scolaire et l'élaboration du projet d'établissement et du règlement intérieur.

Le décret du 9 septembre 2005 prévoit que les représentants des lycéens au CVL élisent en leur sein un représentant titulaire et un représentant suppléant au conseil d'administration.

Cette élection a pour but de désigner un représentant du CVL au conseil d'administration, et de désigner aux fonctions de vice-président du CVL pour une durée d'un an, une fonction n'ayant pas de suppléant.

Les conseils de la vie lycéenne

Le conseil académique de la vie lycéenne (CAVL), présidé par le recteur, comprend 40 membres, dont la moitié sont des lycéens élus pour deux ans par les membres des conseils des délégués pour la vie lycéenne.

Le Conseil national de la vie lycéenne (CNVL) est présidé par le ministre. Il est tenu informé des grandes orientations de la politique éducative dans les lycées. Il se compose d'un représentant titulaire et d'un suppléant par CAVL et des trois lycéens élus au Conseil supérieur de l'éducation (CSE).

Le foyer socio-éducatif ou la maison des lycéens

Le foyer socio-éducatif (FSE) est une association loi 1901 gérée par un bureau de 9 à 12 élèves qui, s'ils ne sont pas majeurs, doivent s'adjoindre au moins 3 adultes : le chef d'établissement, un membre du personnel et un parent d'élève. La nature des activités du FSE varie beaucoup selon les établissements.

Les ressources d'un foyer socio-éducatif ou d'une maison des lycéens sont les cotisations de ses membres et des subventions essentielles.

L'association sportive

L'association sportive (AS) est gérée par les élèves concernés avec les professeurs d'éducation physique et sportive de l'établissement. Elle est affiliée à l'Union nationale du sport scolaire (UNSS).

Les parents d'élèves

Les parents d'élèves sont des acteurs à part entière de la communauté scolaire. Ils siègent dans les différentes instances fonctionnant dans les établissements scolaires. Ils sont organisés en fédération nationale, présente dans les divers organismes nationaux concernant l'Éducation nationale.

Une situation paradoxale

- Le fonctionnement d'une véritable communauté scolaire regroupant dans chaque école, collège ou lycée, les personnels, les parents d'élèves et les élèves n'est pas toujours réalisé. Malgré les textes publiés dans ce domaine et donnant la marche à suivre, il existe, en effet, des établissements qui ne permettent pas aux parents d'élèves d'assumer toutes leurs responsabilités au sein de l'établissement et dans le suivi de la scolarité de leurs enfants.
- Là où les élèves réussissent, où le climat de l'établissement est bon, où le public scolaire vient de milieux favorisés, les enseignants souhaitent rarement la présence et l'intervention des parents d'élèves, alors qu'un certain nombre de familles en est justement très demandeur. En revanche, là où la situation est dégradée, l'échec scolaire important, l'entrée des parents dans l'école est fortement ressentie par tous les partenaires comme une nécessité absolue, alors que les familles sont peu nombreuses à intervenir dans l'école.

L'accueil des parents dans les établissements

- Il est important que l'organisation de l'école, ses objectifs et ses procédures soient compris de tous les parents.
- Dans certains collèges est organisée une « pré-rentrée » des parents des élèves de 6e, qui leur permet de rencontrer les professeurs principaux, les conseillers principaux d'éducation et de mieux connaître l'établissement. Dans d'autres, un « guide » de l'établissement est publié.

Permettre aux parents de suivre la scolarité de leurs enfants

- Des réunions parents-professeurs sont organisées dans l'année. En outre, la possibilité est donnée aux familles d'obtenir des réunions individuelles avec les enseignants, le professeur principal ou l'équipe de direction.
- Pour autant, celles-ci ne sont pas toujours le lieu idéal pour un dialogue fructueux. Des initiatives ont été organisées dans divers établissements : bulletins trimestriels remis en mains propres aux familles, réunions d'analyse des évaluations de 6e ou de seconde, etc.

Aller au-devant des parents qui n'osent pas

Toutes les études le montrent, les parents, quelles que soient leurs origines, s'intéressent à la réussite scolaire de leurs enfants, mais, pour des raisons diverses, ils restent souvent loin de l'école. Les fédérations de parents d'élèves et les associations locales doivent jouer un rôle de médiation entre ces familles et l'école, afin de leur permettre de s'investir dans la scolarité de leurs enfants. Pour faciliter le dialogue entre les enseignants et les familles de langue et culture étrangères, le recours à des interprètes ou à des médiateurs a été mis en place.

LES ASSOCIATIONS DE PARENTS D'ÉLÈVES

L'habilitation

L'enseignement public reconnaît comme association de parents d'élèves les associations ayant pour but la défense et la promotion des intérêts moraux et matériels communs à tous les parents d'élèves (loi du 1er juillet 1901).

Toute association de parents d'élèves doit être habilitée soit en étant affiliée à l'une des fédérations ou union nationale ayant reçu une habilitation nationale, soit en demandant une habilitation auprès de l'inspecteur d'académie du département. L'association ne doit admettre, dans ses organes directeurs, que des membres de l'association élus par l'assemblée générale des adhérents à l'exclusion de tout membre de droit.

Les modalités de réunion

Les associations de parents d'élèves doivent avoir la possibilité d'organiser, dans l'établissement concerné, des réunions statutaires de travail ou d'information, et de disposer de boîtes aux lettres et de tableaux d'affichage. Elles peuvent faire diffuser leur documentation par l'intermédiaire des chefs d'établissement d'enseignement secondaire et de directeur d'école. Une parfaite égalité de traitement doit être respectée entre les diverses associations. Les documents diffusés aux familles ne peuvent contenir que des informations ayant trait aux activités de l'association. Le principal, le proviseur et le directeur d'école doivent pouvoir vérifier si ces documents ne mettent pas en cause des membres de la communauté éducative ou le fonctionnement de l'établissement.

Les différents représentants

Les représentants des parents d'élèves siègent dans la plupart des instances existantes aux différents niveaux de l'Éducation nationale. On distingue quatre sortes de représentants.

Les représentants, élus par toutes les familles au scrutin proportionnel cinq à sept semaines après la rentrée, siègent :

– au conseil d'école (en nombre égal au nombre de classes de l'école maternelle ou élémentaire concernée) ;

– au conseil d'administration des lycées et collèges, à la commission permanente et au conseil de discipline (ils sont 7 en collège, 5 en lycée).

Les représentants désignés par les associations locales de parents d'élèves siègent au conseil de classe et au foyer socio-éducatif.

Les représentants désignés par les associations départementales ou régionales siègent en commission d'appel, au conseil départemental et au conseil académique de l'Éducation nationale.

Les représentants désignés par les instances nationales siègent au conseil supérieur de l'éducation, au conseil national de l'enseignement supérieur et de la recherche et au haut comité éducation-économie.

Les trois grandes fédérations de parents d'élèves

La *Fédération des conseils de parents d'élèves (FCPE)* obtient un peu moins de la moitié des voix dans les élections aux conseils d'administration des lycées et collèges publics.

La Fédération des parents d'élèves de l'enseignement public (Peep) obtient environ un tiers des voix aux élections des lycées et collèges publics.

L'Union nationale des parents de l'enseignement libre (Unapel) est en situation de quasi-monopole pour représenter les parents scolarisant leurs enfants dans l'enseignement privé.

L'école maternelle et élémentaire

L'école maternelle et l'école élémentaire sont sous l'autorité de l'inspecteur de l'Éducation nationale de la circonscription. Elles reçoivent les enfants à partir de 2 ans jusqu'à 11 ans.

Les personnels

Les personnels intervenant dans les écoles sont :

– des personnels de la fonction publique d'État (des professeurs d'écoles ou des instituteurs) ;

– des personnels de la fonction publique territoriale : les agents spécialisés des écoles maternelles (Asem). Toute classe maternelle bénéficie des services d'un agent communal nommé par le maire après avis du directeur. Son traitement est exclusivement à la charge de la commune. Pendant son service dans les locaux scolaires, il est placé sous l'autorité du directeur ;

– des personnels ouvriers, de service ou de cantine.

Le directeur est un professeur d'école ou un instituteur entièrement ou partiellement déchargé d'enseignement suivant le nombre de classes.

Éventuellement, peuvent intervenir des personnels spécialisés chargés de l'enseignement précoce des langues vivantes, des maîtres étrangers assurant des cours de « langues et cultures d'origine » en vertu d'accords passés entre la France et certains pays et qui sont rémunérés par le pays concerné, et des intervenants pour les activités sportives, culturelles ou artistiques payés par la collectivité territoriale ou par d'autres organismes.

Le conseil des maîtres de l'école

Ce conseil comprend, sous la présidence du directeur de l'école, l'ensemble des maîtres affectés à l'école et des maîtres remplaçants exerçant au moment des réunions du conseil, ainsi que les membres du réseau d'aide spécialisée (RAS) intervenant dans l'école. Il se réunit au moins une fois par trimestre pour donner son avis sur tous les problèmes concernant la vie de l'école, notamment sur l'organisation du service.

Le conseil des maîtres de cycle

Ce conseil regroupe, pour le cycle des apprentissages premiers et le cycle des approfondissements, le directeur, le maître de chaque cycle (les éventuels maîtres remplaçants) et les membres du RAS. Le cycle des apprentissages fondamentaux est constitué par le directeur de l'école élémentaire, le ou les directeur(s) des écoles maternelles, les maîtres de l'école élémentaire et de ou des école(s) maternelle(s) intervenant dans le cycle, les membres du réseau d'aides spécialisées.

Ce conseil élabore le projet pédagogique de cycle, veille à sa mise en œuvre, assure son évaluation en cohérence avec le projet d'école, fait le point sur la progression des élèves et formule des propositions concernant le passage de cycle à cycle et la durée passée par les élèves dans le cycle.

LE CONSEIL D'ÉCOLE

Sa composition

Le conseil d'école institué dans chaque école élémentaire et maternelle est composé du directeur d'école président, du maire ou de son représentant, d'un conseiller municipal désigné par le conseil municipal, des maîtres de l'école et des maîtres remplaçants exerçant dans l'école au moment des réunions du conseil, d'un des maîtres du RAS intervenant dans l'école. Sont obligatoirement présents des représentants des parents d'élèves en nombre égal à celui des classes de l'école, élus chaque année au scrutin de liste, le délégué départemental de l'Éducation nationale (DDEN) chargé de visiter l'école et l'IEN, qui assiste de droit aux réunions.

Chaque parent est électeur et éligible. Il y a donc maintenant une voix pour la mère et une voix pour le père. Chacun ne dispose que d'une voix, quel que soit le nombre de ses enfants inscrits dans le même établissement.

Peuvent également assister aux réunions du conseil d'école avec voix consultative pour les affaires les intéressant :

- les personnels du réseau d'aides spécialisées ;
- le (les) médecin (s) scolaire (s) ;
- le (les) infirmier (s) scolaire (s) ;
- l' (les) assistant (s) social (sociaux) ;
- les Asern ;
- les intervenants des diverses activités organisées dans l'école.

Son rôle

Ce conseil se réunit au moins une fois par trimestre. Il peut aussi être réuni à la demande du directeur de l'école, du maire ou de la moitié de ses membres.

Il vote le règlement intérieur de l'école, le projet d'école, établit le projet d'organisation de la semaine scolaire, donne son avis et présente toutes ses suggestions sur le fonctionnement de l'école et sur toutes les questions intéressant la vie de l'école, notamment sur les actions pédagogiques entreprises pour réaliser les objectifs et programmes nationaux, l'utilisation des moyens alloués à l'école, les conditions de bonne intégration d'enfants handicapés, les activités périscolaires, la restauration, l'hygiène scolaire, la protection et la sécurité des enfants. Il donne son accord pour l'organisation d'activités complémentaires éducatives et culturelles ; le maire le consulte à propos de l'utilisation des locaux scolaires en dehors des heures d'ouverture de l'école.

Le projet d'école

Le projet d'école vise à prendre en compte la diversité des situations dans lesquelles évolue l'enfant pour installer les orientations, les instructions et les programmes nationaux. Préparé par l'équipe pédagogique de l'école, devant associer tous les membres de la communauté éducative de l'école, le projet d'école est soumis au conseil d'école, puis est transmis à l'IEN pour avis. Le projet revient ensuite à l'école pour que le directeur le présente devant le conseil d'école, qui l'adapte définitivement.

L'établissement public local d'enseignement

Un collège ou un lycée est, depuis le 22 juillet 1983, un établissement public local d'enseignement (EPLE), administré par un conseil d'administration sous la responsabilité d'un chef d'établissement.

L'autonomie de l'établissement

- Les collèges et les lycées disposent, en matière pédagogique et éducative, d'une autonomie qui porte sur l'organisation de l'établissement en classes et en groupes d'élèves, sur l'emploi des dotations en heures d'enseignement, sur l'organisation du temps scolaire et des modalités de la vie scolaire.
- La préparation de l'orientation, le choix des sujets d'études spécifiques à l'établissement, les activités facultatives et l'ouverture de l'établissement sur son environnement social, culturel et économique relèvent également de la responsabilité de l'établissement.

La dotation horaire globale

- Chaque établissement reçoit une dotation horaire globale (DHG) établie par les autorités académiques. Cette dotation est calculée en fonction d'un indicateur H/E (heures par élève), à partir d'éléments liés à la situation des établissements (nombre d'élèves en retard scolaire, établissements ZEP ou sensibles, etc.). À partir de cette DHG, le conseil d'administration détermine les structures de l'établissement.

Le contrôle des autorités de tutelle

- Les décisions de l'établissement concernant le contenu et l'organisation de l'action éducative doivent être transmises à l'autorité académique (rectorat pour les lycées, inspection académique pour les collèges) et sont exécutoires quinze jours après réception s'il n'y a pas eu de réaction de l'autorité informée.
- Tous les autres actes concernant le fonctionnement de l'établissement doivent être transmis au préfet, au Conseil régional et au rectorat pour les lycées, au Conseil général et à l'inspection académique pour les collèges. Ils sont exécutoires quinze jours après leur transmission s'ils n'ont suscité aucune remarque.

La mise en réseau des établissements

- Des établissements peuvent s'associer pour l'élaboration et la mise en œuvre de projets communs, notamment dans le cadre d'un bassin de formation.
- Le *bassin de formation* peut être un cadre permettant à des établissements de degrés différents de coopérer sur des questions d'orientation, de cartes des options, de partenariat avec les entreprises.
- D'autres coordinations de mise en réseau d'établissements peuvent exister pour les questions de gestion et de tenue de la comptabilité générale, où peut se constituer un *groupement comptable*, ou pour la mise en œuvre d'action de formation continue des adultes dans le cadre de groupement d'établissements, les Greta.

LE BUDGET D'UN ÉTABLISSEMENT

Une balance équilibrée

Le budget, préparé par le chef d'établissement avec le gestionnaire, est soumis au vote du conseil d'administration. Il comporte une section de fonctionnement et une section d'investissement, avec présentation des recettes et des dépenses de l'établissement du 1er janvier au 31 décembre.

Le budget doit être présenté au CA en équilibre réel dans les 30 jours suivant la notification de la subvention de la collectivité territoriale concernée, ce qui entraîne, en général, un vote du budget vers la fin novembre.

Le budget de l'établissement adopté doit être transmis dans les 5 jours suivant le vote au préfet à la collectivité de rattachement, à l'autorité académique. S'il n'y a pas de contestation, le budget est exécutoire dans un délai de 30 jours. Des décisions budgétaires modificatives peuvent être prises en cours d'année.

Les ressources

Les ressources sont apportées par :

– les subventions de la collectivité de rattachement (département pour les collèges, région pour les lycées) ;

– les dotations d'État obligatoirement affectées aux dépenses pour lesquelles elles ont été attribuées (fonds social lycéen ou collégien, manuels scolaires, etc.) ;

– des contributions d'autres collectivités locales (commune, par exemple) ;

– des ressources « propres » (recettes de pension et demi-pension, produit de la vente des objets confectionnés dans les ateliers, conventions d'occupation des logements et locaux) ;

– la taxe d'apprentissage ;

– les fonds provenant d'excédents d'exercices antérieurs.

Les crédits pédagogiques

Ils revêtent l'aspect d'une somme globale. Une présentation complémentaire permet généralement d'indiquer la répartition des sommes affectées à chaque discipline et au CDI.

Le fonds de réserve

Si, en fin d'année, il reste des crédits, ils sont versés dans le fonds de réserve. Un prélèvement peut être effectué sur ce fonds à l'occasion du vote du budget, notamment pour l'achat de matériels pour l'ensemble de l'établissement.

La dénomination d'un établissement

Le conseil municipal décide du nom des écoles maternelles et élémentaires situées sur le territoire de la commune. Pour un collège ou un lycée, c'est à la collectivité territoriale de rattachement (département pour les collèges. région pour les lycées), après avis du CA de l'établissement concerné et de la commune où siège l'établissement, de faire son choix. Ce choix est varié, traditionnel ou original. Ainsi dans l'académie de Créteil, on trouve des noms d'écrivains : Victor Hugo, Pablo Neruda, Jacques Prévert, de peintres, de musiciens mais aussi les noms de Galilée, Blaise Pascal, Gustave Eiffel pour rappeler le monde des sciences et Jean Jaurès, Jean Zay, Jules Ferry, Charles de Gaulle celui de la politique.

De nos jours, on rencontre des collèges ou lycées Georges Brassens, Jacques Brel, Simone Signoret ou Gérard Philipe. Une femme politique est souvent à l'honneur : Louise Michel, aux côtés de grandes féministes comme Olympe de Gouges, Flora Tristan.

L'éducation prioritaire

Au-delà des changements multiples de sigles concernant l'éducation prioritaire, un certain nombre d'établissements « classés » se voit attribuer des moyens supplémentaires compte tenu du public accueilli.

Quels dispositifs régissent la politique d'éducation prioritaire ?

- Les Zones d'éducation prioritaire (ZEP) ont été créées en 1982.
- Tous les personnels des établissements classés « éducation prioritaire » ont une indemnité annuelle d'environ 1 160 euros. Ces établissements reçoivent également des dotations en moyens et en postes supérieurs aux autres établissements.
- Depuis quelques années, les efforts en moyens ont été ciblés sur un nombre plus restreint d'établissements choisis parmi les établissements ZEP, mais portant une autre appellation.

Les ÉCLAIR (Écoles, collèges et lycées pour l'ambition, l'innovation et la réussite)

À la rentrée 2010, 105 établissements concentrant dans leurs indicateurs le plus de difficultés sont rentrés dans le programme CLAIR devenu en 2011 ÉCLAIR. Ce programme a remplacé définitivement l'ancien Réseau ambition-réussite (RAR) depuis la rentrée 2011 et réunit aujourd'hui 2 441 établissements pour toute la France : 2 116 écoles ; 297 collèges (soit 46 de plus que les collèges RAR) ; 28 lycées. Ces établissements se caractérisent par un certain nombre d'innovations et d'expérimentations :

– le recours à des expérimentations de programmes, d'organisation des classes, de rythmes scolaires différents… ;

– la désignation pour chaque niveau de la sixième à la seconde d'un préfet des études qui sera membre de l'équipe de direction ;

– le recrutement des personnels enseignants, d'éducation, administratifs et de santé sera effectué sur proposition des chefs d'établissements après publication de postes à profil pour l'ensemble des disciplines et des fonctions.

Les internats d'excellence

- Les internats d'excellence ont été annoncés dans le cadre du plan 2008 *Dynamique Espoir Banlieues*.
- Il s'agit de proposer aux *« jeunes méritants »* des établissements situés dans des quartiers « défavorisés » des conditions de réussite d'études qui *« contribuent à développer leur ambition scolaire »*.
- Le premier internat d'excellence a ouvert en Seine-et-Marne en 2009. Il en existe onze depuis la rentrée 2010, qui accueillent au total 6 280 élèves.

LES CRITÈRES DES DIVERS CLASSEMENTS

Quels indicateurs ?

Le ministère de l'Éducation nationale a introduit un certain nombre de critères permettant d'attribuer des moyens supplémentaires aux établissements en raison des difficultés qu'ils peuvent rencontrer sur le terrain. Parmi ces critères, on peut citer :

– le taux d'élèves issus de catégories socioprofessionnelles défavorisées ;
– le taux d'élèves boursiers au troisième taux ;
– le taux d'élèves dont les parents sont d'origine étrangère ;
– le taux d'élèves en retard scolaire de plus de deux ans à l'entrée en 6ᵉ ;
– le pourcentage d'élèves ayant des résultats inférieurs à la moyenne nationale de 20 points et plus aux évaluations en CM2 ;
– le pourcentage d'élèves dont les parents bénéficient du RMI ;
– le pourcentage de demi-pensionnaires, un critère très pertinent pour connaître la situation sociale réelle des familles ;
– le pourcentage d'élèves « évitant » l'établissement en étant scolarisés dans d'autres établissements ;
– le taux de stabilité des équipes pédagogiques en regardant, chaque année, le pourcentage d'enseignants qui demandent leur mutation ;
– la situation de l'établissement, en prenant en compte son enclavement, les moyens de transport qui le desservent, son ouverture sur le quartier ou un environnement plus large ;
– la taille de l'établissement, etc.

Les critères qui ont présidé au choix des collèges ambition-réussite sont sociaux et scolaires

– Pourcentage d'enfants issus de familles défavorisées dépassant les 66 %.
– Pourcentage d'élèves ayant des résultats plus faibles de 20 points en-dessous de la moyenne nationale aux évaluations de 6ᵉ.
– Pourcentage d'élèves avec un retard scolaire de deux ans à l'entrée en 6ᵉ dépassant les 10 %.
– Pourcentage d'élèves dont les parents bénéficient du RMI.
– Pourcentage d'élèves boursiers au troisième taux.
– Pourcentage d'élèves issus de parents non-francophones.

Les moyens supplémentaires des collèges ECLAIR

– En moyenne, 3 ou 4 enseignants par établissement ont une charge d'enseignant à temps partiel et, en plus, participent à l'accompagnement des enseignants débutants, au suivi d'élèves en difficulté et veillent à une meilleure articulation primaire/collège. 25 % de ces postes en collège ont été pourvus par des enseignants du premier degré.
– Des moyens supplémentaires en assistants pédagogiques, en infirmiers.
– L'accompagnement et le tutorat des élèves par des étudiants.
– L'accroissement des bourses au mérite pour les élèves.

Les ZEP

En 2005, 707 zones d'éducation prioritaire existent en France. 877 collèges sont en ZEP. Cela représente 444 049 collégiens, soit 17 % des effectifs du service public. Si l'on totalise les collèges de ZEP et ceux classés en REP (Réseau d'éducation prioritaire), leur nombre est de 1 100.
Près des deux tiers des élèves de collège ZEP (64 %) ont des parents ouvriers ou inactifs, alors qu'ils ne sont que 38 % hors ZEP.
Dans les collèges ZEP, on compte en moyenne 22,2 élèves par classe (24,5 en moyenne pour les autres établissements), et leur dotation horaire globale est supérieure en moyenne de 10 % aux autres établissements.
À la fin de la classe de 3ᵉ, 25,7 % des élèves de ZEP ne maîtrisent pas ou mal les compétences requises par les programmes, et 15,2 % les maîtrisent bien ou très bien (ailleurs, les chiffres sont respectivement de 15 % et 25,1 %).

Le projet d'établissement

La notion de projet d'établissement est apparue au début des années 1980. La loi d'orientation de 1989 généralise l'obligation d'un projet à l'ensemble des établissements. Ce projet doit définir les choix faits par l'établissement pour appliquer à un public spécifique les objectifs nationaux.

Bref historique

La rénovation des collèges des années 1982-1984 repose sur l'idée de projet d'établissement. Elle est la résultante des influences suivantes :

– la réflexion autour du « management » visant, dans le cadre de projet d'entreprise, à rechercher une meilleure rationalisation des coûts et une plus grande mobilisation des personnels ;

– le développement des innovations pédagogiques qui amèneraient une diversification des pratiques en fonction des particularismes locaux ;

– l'idée que chaque établissement scolaire avait, de fait, son projet « implicite » sur lequel il fonctionnait, et qu'il fallait mettre en lumière et élaborer avec tous les acteurs un projet explicite.

Concilier la dimension locale et les exigences nationales

- Le projet d'établissement est mis en œuvre dans les collèges et lycées ; le projet d'école dans les écoles. Il doit exprimer la volonté collective de la communauté scolaire et favoriser l'initiative individuelle et la responsabilité personnelle de chacun des membres. À ce titre, il assure la convergence des pratiques éducatives des équipes pédagogiques.

- La loi d'orientation d'avril 2005 précise que le projet d'établissement définit pour une durée de 3 à 5 ans les modalités particulières de mise en œuvre des programmes et objectifs nationaux ou académiques. Elle donne également à un établissement la possibilité « de prévoir pour une durée maximale de 5 ans des expérimentations pédagogiques ».

La réalisation

- *Un diagnostic* doit être fait aussi bien sur l'environnement économico-culturel que sur l'origine des élèves, leurs centres d'intérêts, leurs attentes, leurs difficultés. Il doit recenser les données concernant les résultats dans toutes les dimensions de l'établissement.

- *Les axes du projet* concernent aussi bien les pratiques pédagogiques, l'aide et le conseil aux élèves dans la construction de leur projet personnel, que l'ouverture de l'établissement et la liaison avec les divers partenaires de son environnement.

- Créé par la loi d'avril 2005, le conseil pédagogique prépare la partie pédagogique du projet d'établissement. Il favorise la concertation entre les professeurs, notamment pour coordonner les enseignements, la notation et l'évaluation des activités scolaires.

- Une fois voté par le conseil d'administration, le projet doit subir une *évaluation interne*, outil de pilotage, facteur de cohérence et de régulation de l'action, associant tous les partenaires du projet. Il existe également des dispositifs d'évaluation externe des établissements à partir des inspections académiques et des rectorats.

L'ÉTABLISSEMENT ET SON ENVIRONNEMENT

Les contrats locaux

Contrat local de sécurité (CLS) : ce contrat vise, au travers du partenariat Police – Justice – Éducation nationale – municipalités, à développer la sécurité dans la commune et notamment autour des établissements scolaires.

Contrat éducatif local (CEL) : ce contrat a pour objectif de mettre en cohérence au sein d'une ville les différentes activités proposées aux enfants et aux adolescents en dehors du temps scolaire. Le CEL a été défini par une circulaire interministérielle du 9 juillet 1998 (ministres de l'Éducation nationale, de la Jeunesse et des Sports, de la Culture et ministre délégué à la Ville).

Volet éducation des contrats de Ville

Le contrat de Ville est voté pour 7 ans (2000-2006). Il constitue l'outil privilégié de la politique de la ville en articulant les différents contrats existants (CEL, CLS...). Les contrats de Ville comportent nécessairement un volet éducation.

Les champs d'intervention du volet éducation portent en priorité sur :

– la préservation ou le rétablissement de la mixité sociale ;

– les aménagements des locaux scolaires pour un meilleur accueil ;

– les conditions des apprentissages ;

– la contribution des partenaires à l'amélioration des apprentissages ;

– la mise en place des dispositifs d'aide aux jeunes les plus en difficulté ;

– les liens de l'école avec les parents.

La rentrée a vu la mise en place sur 50 agglomérations de « *grands projets de Ville* » (GPV), qui visent à mettre en articulation les politiques éducatives, de transport, de logement...

Des dispositifs de « *veille éducative* », visant à lutter contre l'abandon prématuré, le décrochage scolaire de certains élèves (les 60 000 sortants sans aucune qualification de l'école) ont également été mis en place.

Il est très important d'éviter l'*empilement* de structures ayant des objets souvent très proches. Les responsables d'un établissement scolaire ne peuvent passer tout leur temps en réunion.

Pour mener à bien les actions en lien avec son environnement, l'établissement aura tout intérêt à privilégier celle qui lui semble la plus pertinente pour animer la coordination entre les divers services concernés : comité local de prévention de la délinquance, comité d'éducation à la santé et à la citoyenneté, comité de pilotage du Contrat local de sécurité, etc.

Vrai ou faux projet

Un *faux projet*, serait celui qui est imposé ou dirigé par l'échelon central, celui qui est rédigé pour une opération de promotion, qu'elle soit institutionnelle ou personnelle.

Un *vrai projet* est nécessairement engendré par les besoins de l'établissement, par la réflexion commune ; il est appliqué au quotidien par l'ensemble des acteurs de la communauté éducative. Un rapport de l'Inspection générale de l'administration de l'Éducation nationale critique le fait que, dans la plupart des cas, les projets d'établissement ne constituent plus que des exercices obligés, souvent rédigés par le seul chef d'établissement dans l'indifférence polie de la communauté éducative. Cette évolution est due, en grande partie, à la normalisation imposée par l'administration, qui souhaite contrôler l'action pédagogique des établissements. Ainsi voit-on dans chaque établissement un projet scrupuleusement épousseté chaque année afin d'être présenté dans un état décent au conseil d'administration, visant, ô surprise, à favoriser la réussite scolaire des élèves, ce qui, faute d'originalité, est le moins que l'on puisse demander à un établissement scolaire.

Le conseil d'administration

En qualité d'organe de décision de l'établissement, le conseil d'administration est le lieu où tous les membres de la communauté éducative peuvent dialoguer, délibérer, décider et peser sur les choix déterminants pour la vie de l'établissement. Il a une composition tripartite.

Un organe de décision

Le conseil d'administration (CA) se réunit au moins trois fois par an et ne peut siéger que si la majorité de ses membres est présente en début de séance. Ces membres sont les représentants de l'administration, des personnels, des élèves et des parents.

Des compétences décisionnelles

- Il fixe les principes de mise en œuvre de l'autonomie pédagogique et éducative dont dispose l'établissement.
- Il adopte le projet d'établissement, le budget, le compte financier et le règlement intérieur ; il établit, chaque année, un rapport sur le fonctionnement pédagogique de l'établissement et donne son accord sur les orientations relatives à la conduite du dialogue avec les parents d'élèves, le programme de l'association sportive, les modalités de participation aux activités du Greta auquel l'établissement adhère, l'utilisation des locaux scolaires pendant les heures de classe pour des activités éducatives, sportives et culturelles complémentaires, le fonctionnement et les programmes des associations d'élèves.

Des compétences délibératives

- Le CA délibère sur toute question qu'il a à connaître ainsi que sur celles ayant trait à l'information des membres de la communauté éducative et à la création de groupes de travail au sein de l'établissement ; sur les questions relatives à l'accueil et à l'information des parents d'élèves, les modalités générales de leur participation à la vie scolaire ; sur les questions relatives à l'hygiène, à la santé, à la sécurité.
- Il peut définir toute action particulière propre à assurer une meilleure utilisation des moyens alloués à l'établissement et une bonne adaptation à son environnement. Il autorise l'acceptation des dons et legs ainsi que les actions à intenter ou à défendre en justice.

Des compétences consultatives

- Il donne son avis sur :

– les mesures annuelles de création et de suppression de sections, d'options et de formations complémentaires d'initiative locale dans l'établissement ;

– les principes de choix des manuels scolaires et des outils pédagogiques ;

– l'utilisation des locaux de l'établissement en dehors des heures scolaires ;

– la modification par le maire des heures d'entrée et de sortie de l'établissement.

- Le conseil d'administration peut adopter tous vœux sur les questions intéressant la vie de l'établissement.

LES INSTANCES

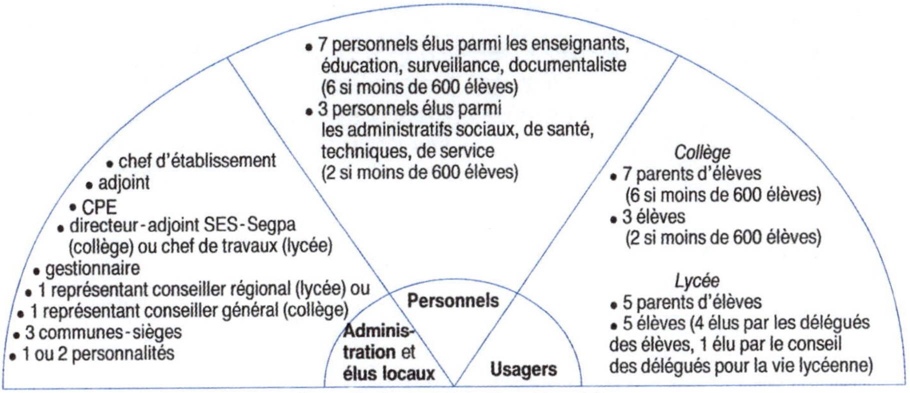

Conseil d'administration tripartite

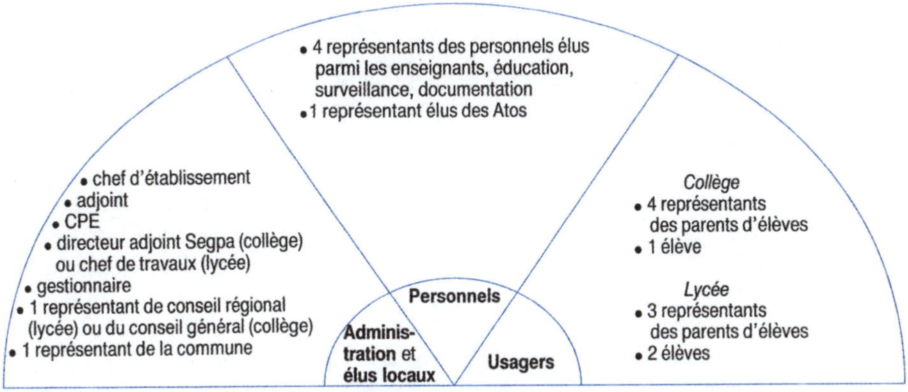

Commission permanente

Les représentants des personnels et des parents sont élus à la proportionnelle du scrutin de liste. Les représentants des élèves sont élus au scrutin majoritaire par les deux délégués-élèves de chaque classe (en collège, seuls les élèves de 4e et 3e sont éligibles).

La commission permanente

Les délibérations du conseil d'administration sont préparées par sa commission permanente. Elle est *obligatoirement* saisie des questions qui relèvent de l'*autonomie pédagogique et éducative de l'établissement*.

Elle a pour charge d'instruire les questions soumises à l'examen du conseil d'administration. Elle veille à ce qu'il soit procédé à toute consultation utile (notamment celle des équipes pédagogiques). Il est donc important, pour chaque partie représentée au conseil et à la commission permanente (personnels, élèves, parents), que les projets à examiner et les décisions à prendre aient fait l'objet de la consultation la plus large possible.

Le règlement intérieur

Le règlement intérieur fixe, dans le respect des principes généraux du droit, ce qui est permis ou interdit dans l'établissement. Tout manquement justifie la mise en œuvre d'une procédure disciplinaire. Le règlement doit être débattu par l'ensemble des acteurs d'un établissement afin que tous se l'approprient.

Un rôle civique

- Le règlement intérieur joue un rôle important dans la vie d'un établissement public local. Les règles présentées et les dispositions qu'il comprend concernent les élèves et tous ceux qui interviennent, quel que soit leur statut, dans l'établissement scolaire.
- Le professeur est donc concerné par le règlement intérieur et doit être conscient de son pouvoir d'exemplarité face aux élèves.

Les principes de rédaction

- Le règlement intérieur s'articule généralement autour de trois thématiques :

– les principes généraux régissant l'enseignement public en France ;

– les dispositions réglementaires (décrets, arrêtés, circulaires) devant s'appliquer obligatoirement dans tous les établissements scolaires : par exemple, concernant le port de signes ou tenues manifestant ostensiblement une appartenance religieuse ou concernant les nouvelles modalités d'application des sanctions disciplinaires (décret du 24 juin 2011) ;

– les dispositions concernant spécifiquement l'établissement : par exemple, heures d'entrée et de sortie des élèves, modalités d'accès aux locaux communs, fonctionnement des associations sportives et culturelles dans l'établissement.

- Il doit fixer l'organisation et le fonctionnement de l'établissement ; l'organisation et le suivi des études ; l'organisation et le suivi des élèves dans l'établissement ; la vie dans l'établissement ; l'exercice des droits et obligations des élèves, notamment l'obligation d'assiduité, le respect d'autrui et le respect du cadre de vie.
- Le règlement intérieur s'applique aux élèves majeurs au même titre qu'aux autres élèves. Il est cependant nécessaire de prévoir le respect des dispositions réglementaires relatives à la majorité, en matière de gestion des absences et d'information directe de ces élèves.

Vote par le conseil d'administration

- La présentation du règlement intérieur voté par le conseil d'administration de l'établissement peut être aussi un moment pour présenter ou rappeler le fonctionnement d'un établissement public local, notamment le fait que ceux qui y exercent ou y étudient ont leur mot à dire dans le cadre de son fonctionnement. Cela permet de valoriser la fonction des délégués des élèves.
- La présentation du règlement intérieur est également le moment pour montrer sa cohérence avec les principes qui régissent la République française. Ainsi, la présentation des sanctions figurant au règlement intérieur mettra en évidence l'application par l'établissement des règles générales du Droit : individualisation de la peine, possibilité de présenter sa défense, proportionnalité de la peine à la gravité des actes…

LA « CHARTE DES RÈGLES DE CIVILITÉ DU COLLÉGIEN »

Cette charte, publiée dans le Bulletin officiel spécial n° 6 du 25 août 2011, reprend les principaux éléments du règlement intérieur sous une forme simplifiée.

Respecter les règles de la scolarité

– Respecter l'autorité des professeurs.
– Respecter les horaires des cours et des activités pour lesquelles un engagement a été pris, se présenter avec son carnet de correspondance et le matériel nécessaire, faire les travaux demandés par le professeur.
– Entrer en classe et circuler dans les couloirs calmement, adopter un langage correct.
– Entrer au collège avec une tenue vestimentaire correcte.

Respecter les personnes

– Avoir un comportement respectueux envers les adultes et les autres élèves à l'intérieur ou à l'extérieur de l'établissement, y compris à travers l'usage d'Internet.
– Être attentif aux autres et solidaires des élèves plus vulnérables.
– Briser la loi du silence en cas de souffrance d'un ou de plusieurs élèves.
– Ne jamais mettre en cause ou se moquer d'un adulte ou d'un élève pour quelque raison que ce soit.
– Respecter et défendre le principe absolu d'égalité entre les filles et les garçons et les règles de la mixité.
– Ne pas avoir un comportement violent ou de harcèlement, ni participer à un jeu qui viserait à blesser un camarade physiquement ou moralement.
– Respecter l'interdiction d'utiliser son téléphone portable pendant les cours et les activités éducatives.
– Ne pas utiliser son téléphone portable pour filmer et diffuser des images portant atteinte à la dignité des personnes.
– Faciliter et respecter le travail des agents d'entretien.
– Respecter les personnes, avoir un comportement correct à l'occasion des sorties scolaires ainsi qu'aux environs immédiats de l'établissement.

Respecter les biens communs

– Respecter le matériel de l'établissement, ne pas écrire sur le mobilier ni sur les murs.
– Garder les locaux et les sanitaires propres.
– Ne pas utiliser les extincteurs et les alarmes sans raison valable.
– Respecter les principes d'utilisation des outils informatiques.
– Ne pas dégrader les véhicules de transport scolaire.

Le moment qui apparaît le plus opportun pour présenter ce texte aux élèves est l'heure de vie de classe. C'est également l'occasion de leur rappeler les éléments de la progression de leur responsabilisation entre 13 et 18 ans, âge de la majorité civile.
À 13 ans, âge où un élève peut siéger et voter au conseil d'établissement et au conseil de discipline du collège (classe de 5e), il peut être reconnu par la justice comme ayant une part de responsabilité importante dans un crime ou un délit grave puisqu'il peut être condamné à la prison.
À 16 ans, il peut notamment créer et gérer sa propre association (textes de juillet 2011).
À 18 ans, il est totalement majeur et responsable.

Le conseil de discipline

Un conseil de discipline présidé par le chef d'établissement existe dans chaque collège et lycée pour sanctionner un élève qui enfreint le règlement intérieur de l'établissement ou qui a commis un acte de violence.

La composition

Le conseil de discipline (textes de juillet 2000 et de décembre 2003) se compose de 14 personnes : le chef d'établissement président, un adjoint, le CPE, le gestionnaire, et 10 représentants des personnels (5), des élèves et des parents d'élèves (5), élus titulaires et suppléants par leurs représentants au conseil d'administration.

Les compétences

- Le conseil de discipline est saisi par le chef d'établissement. Il a compétence pour prononcer, à l'encontre des élèves, toutes les sanctions prévues au règlement intérieur, non seulement les mesures d'exclusion, mais les réparations, le sursis, etc.
- Le chef d'établissement peut décider, s'il estime que l'ordre et la sécurité de l'établissement pourraient être compromis, de saisir le *conseil de discipline départemental* qui statue en lieu et place du conseil de discipline de l'établissement.
- Les sanctions d'exclusion supérieures à 8 jours ou d'exclusion définitive sont susceptibles d'appel dans un délai de 8 jours devant la commission d'appel du rectorat.

La procédure

- Le décret du 24 juin 2011 « relatif à la discipline dans les établissements d'enseignement du second degré » est paru au journal officiel du 26 juin 2011.

Ce décret comporte trois nouveautés :

– l'*engagement d'une action disciplinaire sera obligatoire* dans certains cas de violences verbales, physiques, ou d'autres actes graves. La *commission éducative* (voir ci-contre) est rendue obligatoire dans tous les établissements ;

– afin de responsabiliser les élèves sur les conséquences de leurs actes, une nouvelle sanction, « *mesure de responsabilisation* », est créée, consistant à participer, en dehors des heures d'enseignement, à des activités de solidarité, culturelles ou de formation à des fins éducatives. Elles peuvent être réalisées au sein de l'établissement ou au sein d'une association, d'une collectivité territoriale, ou d'une administration de l'État ;

– pour rendre à l'exclusion son caractère exceptionnel, l'exclusion temporaire d'un établissement ne pourra excéder huit jours au lieu d'un mois auparavant. *L'exclusion temporaire de la classe* (d'une durée de huit jours maximum) est ajoutée à l'échelle des sanctions. Dans ce cas, l'élève continue à être accueilli dans l'établissement.

- La circulaire sur les procédures disciplinaires stipule ainsi « que l'établissement scolaire est un lieu d'apprentissage et d'éducation, toute sanction qui y est prononcée doit prendre *une dimension éducative* ». La circulaire distingue clairement « punitions scolaires », « sanctions disciplinaires », et « mesures alternatives à la sanction, mesures de prévention et d'accompagnement ».

LE DÉROULEMENT D'UN CONSEIL DE DISCIPLINE

L'ouverture du conseil

On vérifie d'abord le quorum : la moitié des membres du conseil plus un. Si le quorum n'est pas atteint, une nouvelle convocation doit être prévue dans un délai de 8 jours minimum et 15 jours maximum. Les délégués de classe mineurs, si la nature des accusations le justifie et à la demande des deux tiers des membres du conseil, ne participent pas au conseil de discipline.

Le premier travail est de désigner un secrétaire de séance ; ensuite, le conseil introduit l'élève, son représentant légal, son défenseur. Après lecture du rapport motivant les poursuites disciplinaires, on procède à l'audition des personnes convoquées avant d'ouvrir le débat.

Le respect des règles du droit

Le chef d'établissement doit être au courant des règles qui empêcheront la sanction disciplinaire d'être annulée pour vice de forme, comme c'est encore souvent le cas par méconnaissance des procédures juridiques.

C'est ainsi que le manquement au règlement intérieur et la sanction proposée doivent être explicitement prévus par celui-ci. Si cela n'y figure pas, le risque d'annulation de la décision est patent.

Une personne ayant demandé que l'élève soit déféré devant le conseil de discipline ne peut pas siéger pour cette affaire, et ce au nom d'un autre principe du droit : on ne peut être juge et partie. Il faut donc faire particulièrement attention à la participation du CPE au conseil. S'il a rédigé un rapport sur l'élève jugé, il vaut mieux qu'il ne soit que témoin.

Dans le cadre des principes généraux des droits de la défense, l'élève déféré devant un conseil de discipline a droit à un avocat.

Enfin, l'établissement scolaire et les plaignants doivent s'efforcer de mettre en avant des faits précis et non des impressions subjectives.

Le vote et le recours

Une fois que toute la procédure de débat contradictoire s'est déroulée, l'élève, son représentant légal et son défenseur doivent sortir de la salle.

Les membres du conseil de discipline votent alors à bulletin secret. La décision est prise à la majorité des suffrages exprimés. Si le vote d'une sanction est négatif, le conseil prononce, selon la même procédure, une sanction inférieure.

Dès que la sanction est votée, elle est communiquée à la famille et transmise au rectorat. Si le rectorat confirme la décision du conseil de discipline, la famille peut faire appel devant le tribunal administratif dont dépend l'établissement. Cet appel n'est pas suspensif et la sanction prise est donc exécutée.

L'arrêt du tribunal administratif est également susceptible d'appel auprès du conseil d'État qui statue en dernière instance.

La commission éducative

Présidée par le chef d'établissement, elle comprend au moins un CPE, le gestionnaire, un membre des personnels d'enseignement, un membre des personnels sociaux et de santé, techniques, ouvriers et de service. Sa composition est fixée par le conseil d'administration. Elle a notamment pour mission « d'examiner la situation d'un élève dont le comportement est inadapté aux règles de vie dans l'établissement et de favoriser la recherche d'une réponse éducative personnalisée » et d'assurer « le suivi de l'application des mesures de prévention et d'accompagnement ainsi que des mesures alternatives aux sanctions ».

Le conseil de classe

Le conseil de classe est le moment où tous les enseignants formalisent leurs observations, établissent les moyennes de l'élève et les consignent dans un bulletin transmis à la famille. C'est là que se font l'évaluation et l'orientation de l'élève. Les délégués des parents et des élèves y siègent de plein droit.

La composition d'un conseil de classe

- Il est institué dans les collèges, les lycées pour chaque classe ou groupe d'élèves, sous la présidence du chef d'établissement ou de son représentant. Il a lieu au moins trois fois par an et chaque fois que le chef d'établissement le juge utile

- Sont membres du conseil de classe les personnels enseignants de la classe, les deux délégués-élèves de la classe, les deux délégués-parents d'élèves de la classe, le conseiller principal ou le conseiller d'éducation, le conseiller d'orientation.

- Sont également membres du conseil de classe, lorsqu'ils ont eu à connaître le cas personnel d'un ou de plusieurs élèves de la classe, le médecin de santé scolaire ou le médecin d'orientation scolaire et professionnelle ou, à défaut, le médecin de l'établissement, l'assistant social, l'infirmier.

L'examen de la scolarité

- Ce sont les équipes pédagogiques constituées par classe qui préparent le conseil avec le professeur principal, puisqu'elles sont chargées d'assurer le suivi et l'évaluation des élèves, de les conseiller pour le bon déroulement de leur scolarité et le choix de leur orientation. Elles travaillent en liaison avec le CPE et le COP.

- Lors du conseil de classe, le professeur principal expose les résultats obtenus par les élèves et présente les observations sur les conseils en orientation formulés par l'équipe. Sur ces bases, et en prenant en compte l'ensemble des éléments d'ordre éducatif, familial et social apportés par ses membres, le conseil examine la scolarité de chaque élève afin de mieux le guider. Il émet des propositions d'orientation, généralement lors de sa réunion de fin du deuxième trimestre.

- Ces propositions peuvent être en accord ou en désaccord avec les choix de la famille. Dans ce dernier cas, une procédure se met en place jusqu'à la décision finale d'orientation et l'éventuel appel des familles. Pour diminuer le nombre des désaccords, il est important qu'il y ait de fréquentes réunions de bilan.

L'information des familles

- À cet effet, notamment pour les classes d'orientation, des réunions d'information réunissent parents et professeurs de classe, où le professeur principal fait la synthèse du travail et du comportement de la classe. Cette synthèse est éventuellement complétée par chaque professeur, puis les familles peuvent rencontrer individuellement le professeur principal et les différents enseignants.

- Les délégués-parents et les délégués-élèves peuvent, pendant le conseil de classe, attirer l'attention sur la situation particulière d'un élève. Il est clair, cependant, que leurs possibilités d'expression diffèrent considérablement selon les établissements.

UN CONSEIL DE CLASSE DIFFÉRENT

Le conseil de tous

Dans un collège de l'Essonne, le conseil de classe se déroule, chaque trimestre, en présence de tous les élèves de la classe, car la direction veut faire de ce conseil un élément de l'éducation à l'orientation en permettant à tous les élèves de connaître les remarques et les réflexions des enseignants sur leur travail et leur comportement. Ce type de réunion permet une préparation scolaire fructueuse pour les enseignants, les élèves et les parents.

Le conseil de classe se déroule pendant les dernières heures de cours, ce qui ne permet pas toujours aux parents d'y participer, mais laisse à tous les enseignants la possibilité d'y assister.

Une aide pour l'élève et l'enseignant

Une telle démarche vise à amener l'élève à prendre mieux conscience de ce que l'on attend de lui.

En permettant à tous les enseignants de parler de leur discipline, elle montre aux jeunes l'importance de chacune et tente de combattre l'idée de matières principales et matières secondaires.

Le fait que tous les élèves puissent réagir à la présentation de leur cas par le professeur principal, aux interventions des enseignants, du CPE, du documentaliste, de l'infirmier, etc. permet de mettre en avant une évaluation formatrice et une orientation mieux acceptée. Il y a d'ailleurs, dans cet établissement, beaucoup moins d'appel des familles qu'ailleurs, concernant les décisions d'orientation.

Grâce à ce conseil de classe, les enseignants ont la possibilité d'aller à la découverte des goûts et des centres d'intérêt de leurs élèves, de repérer leurs savoirs, savoir-faire, qualités ou aptitudes particulières. C'est également le moment idéal pour faire le point des domaines où l'élève peut s'améliorer et pour déterminer, avec lui, les meilleures façons d'y parvenir.

Au final, le climat de la classe s'en ressent, et il y a moins d'anxiété à l'approche du conseil de classe, qui s'inscrit normalement dans le cadre d'une progression annuelle de l'éducation.

Le chef d'établissement s'est bien entendu engagé, dans ce processus, à toujours respecter les propositions du conseil de classe et à ne jamais les modifier.

Les vœux des familles

Les stratégies des familles sont très différentes selon leur milieu social et leur environnement géographique, comme il peut y avoir des différences importantes entre les vœux des familles et les décisions d'orientation conseillées. Dans l'académie de Caen, à population ouvrière et rurale, les différences entre les vœux des familles et les choix retenus sont assez faibles. L'ambition des familles est limitée aux résultats de leurs enfants. Le taux d'appel est très faible : 1,9 %.

Dans l'académie de Paris, à l'inverse, les familles sont très ambitieuses, quels que soient les résultats de leurs enfants. Plus de 80 % veulent que leur enfant suive une classe de seconde. Elles ne l'obtiennent pas toutes, mais elles préfèrent massivement le redoublement au passage en lycée professionnel. Le taux d'appel dans cette académie est, avec 6,9 %, près de trois fois supérieur à la moyenne nationale.

Cependant, il faut savoir qu'avec des taux d'appel très différents (1,9 % à Caen, 6,9 % à Paris), le taux d'acceptation des vœux des familles est le même : un peu plus d'un tiers.

Le taux de satisfaction des appels est globalement de 35 % de satisfaits, sans qu'un rapport puisse être établi entre le pourcentage de demandes d'appel et le taux de satisfaction.

La sectorisation des élèves

La mise en place de la sectorisation date de 1963. Elle traduisait dans les faits l'extension de la scolarité obligatoire à 16 ans. Elle coïncidait avec la création des collèges d'enseignement secondaire (CES). Elle n'a pas satisfait tous les parents. Nombreux sont ceux qui continuent de contourner la carte scolaire.

L'affectation des élèves

- *À l'école primaire*, les élèves sont affectés selon des secteurs scolaires définis par les mairies, en liaison avec les inspecteurs de l'Éducation nationale. Les mairies peuvent cependant décider de ne pas sectoriser les écoles de leur commune. Dans le cas de demandes de dérogation à l'intérieur de la commune, l'accord est de la responsabilité du maire, généralement après avis des directeurs des écoles concernées. Dans le cas de demandes de dérogation entre écoles de communes différentes, l'accord des maires concernés est nécessaire.
- *En collège*, après avis du Conseil départemental de l'Éducation nationale (CDEN), l'inspecteur d'académie arrête les secteurs scolaires, conformément au décret de 1980.
- *En lycée*, la sectorisation existe compte tenu des voies de formation préparées, des langues et des options proposées par chaque établissement.

L'assouplissement de la carte scolaire

- La carte scolaire a été assouplie sur la base d'un certain nombre de critères et la possibilité de choix entre plusieurs collèges ou lycées.
- Le plus souvent, le choix d'un établissement par les familles se traduit par le choix de l'élève par le chef d'établissement, notamment dans les établissements où il y a plus de demandes que de possibilités d'accueil.
- L'assouplissement de la carte scolaire s'inscrit dans le cadre des frontières des départements et des académies existants, c'est-à-dire qu'elle ne concerne notamment pas les communes reliées à Paris par le métro mais appartenant à une académie autre que celle de Paris.

L'assouplissement n'a donc pas diminué les « fausses adresses » ou les différentes stratégies de contournement.

- Les mesures d'assouplissement de la carte scolaire ont, au bout de quatre ans d'existence, concernées sur toute la France environ 100 000 demandes par an, dont 40 % pour la seule ville de Paris. Les deux tiers des demandes concernent l'entrée en sixième, un tiers l'entrée en seconde en lycée.
- En moyenne, chaque année, 75 % au niveau national des demandes pour les collèges sont satisfaites (47 % pour l'académie de Paris) et 65 % des demandes en lycée.
- L'assouplissement de la carte scolaire a entraîné de fortes chutes d'effectifs dans certains collèges (une quinzaine) qui ont été amenés à fermer.

Le contournement de la carte scolaire

Pour contourner la carte scolaire dans le cas d'établissements sectorisés, les parents utilisent le plus souvent les options (celles de langues rares ou anciennes, par exemple).

LE CONSUMÉRISME SCOLAIRE

Le consommateur d'écoles

Après plus d'un siècle pendant lequel l'école est apparue avant tout comme une institution d'État, imposant ses contenus et ses méthodes à un public captif, on peut se demander s'il faut s'abandonner sans réticence à la logique inverse, selon laquelle l'institution scolaire ne serait qu'un prestataire de services et le public un client pouvant choisir ce qui correspond le mieux à ses besoins, à ses attentes, le transformant en « consommateur d'écoles ».

Dans les débats sur la liberté de l'enseignement, une question cruciale, rarement explicitée, sous-tendait les positions en présence : l'école relève-t-elle d'abord de l'espace public (l'accent est mis sur le droit de la société à définir ses objectifs, ses programmes et ses moyens) ou de l'espace privé (l'accent est mis sur le droit de la famille à confier son enfant à tel ou tel établissement en fonction des produits qu'il propose et des satisfactions qu'il procure, selon une logique de marché) ?

Le refus de la sectorisation

La désectorisation a rompu l'égalité entre les établissements et a conduit à ce que coexistent de « bons » établissements avec beaucoup d'options, l'enseignement de langues rares, des élèves triés sur le volet sur la base de leur dossier scolaire, et les « autres » établissements, n'accueillant que des élèves de milieux défavorisés en difficulté où les familles ne « poussent » pas à l'existence de nombreuses options.

Traquer la « bonne » école

Pour obtenir à tout prix ce qu'elles pensent être un « bon » établissement, des familles compulsent fébrilement les divers palmarès, sélectionnent les options qu'elles jugent être les plus rentables pour l'avenir. Certaines n'hésitent pas à investir dans un appartement pour, dans le cadre d'une sectorisation qui serait rétablie, être sûr d'habiter la bonne rue qui devrait conduire leur progéniture au lycée mythique souhaité.

La stratégie consiste souvent à tenter de choisir, à tous les niveaux, l'école jugée la meilleure possible pour son enfant, quel que soit le statut de ces écoles, le public et le privé n'étant pas, pour les consommateurs d'écoles, opposés mais complémentaires.

De tels comportements impliquent une sérieuse réflexion des responsables de l'Éducation nationale sur les moyens à octroyer aux établissements pour donner aux familles l'assurance que, quel que soit le lieu où il est scolarisé, chaque jeune a des chances identiques.

Comment fonctionne l'affectation « assouplie » des élèves ?

Depuis la rentrée 2007, un dispositif d'assouplissement de la carte scolaire a été mis en place. « Une règle simple a été instaurée, qui s'impose de la même façon à toutes les familles. Dès la rentrée 2007, davantage d'élèves pourront s'inscrire dans un établissement hors de leur secteur dans la limite des places disponibles. Cette mesure s'applique aux collèges et aux lycées qui pourront accueillir des élèves ne relevant pas de leur secteur dans la limite des places disponibles dans les établissements. »

Les critères de choix prioritaires pour qu'un élève intègre un établissement hors du secteur initial de rattachement sont un élève :

- souffrant d'un handicap ;
- boursier au mérite ;
- boursier sur critères sociaux ;
- nécessitant une prise en charge médicale importante à proximité de l'établissement demandé ;
- devant suivre un parcours scolaire particulier ;
- dont un frère ou une sœur est déjà scolarisé dans l'établissement souhaité ;
- dont le domicile est situé en limite de secteur et proche de l'établissement souhaité.

La sécurité des établissements scolaires

Depuis l'incendie du collège Pailleron en 1973, la fermeture totale ou partielle d'un établissement peut être décidée si la sécurité des occupants est menacée.

Le spectre « Pailleron »

L'incendie du collège Pailleron en 1973, qui a causé vingt morts dont seize élèves, a rappelé à toutes les familles que la sécurité des établissements scolaires ne pouvait pas être négligée. Le collège avait été construit dans les années 1960, comme 813 autres établissements, selon un procédé de construction industrielle avec ossature métallique. L'incendie révéla la fragilité d'une telle structure et il semblait évident qu'il fallait détruire tout établissement construit ainsi, mais la résorption de ces constructions fut assez lente puisque, en 1993, il restait encore plus d'une centaine de lycées et collèges construits selon ce procédé, et ce malgré les efforts menés par les collectivités locales. Depuis 1986, en effet, les régions (pour les lycées), les départements (pour les collèges) ont la charge des dépenses de fonctionnement, de maintenance, d'équipement et de reconstruction des établissements.

La fermeture totale ou partielle d'un établissement

- La fermeture d'un établissement ne peut intervenir qu'à deux titres : les risques d'incendie et l'existence d'un danger grave et imminent.
- La décision de fermeture au titre des *risques d'incendie* est prise par l'autorité responsable, sur avis de la commission de sécurité qui vérifie la conformité aux normes des locaux, installations et équipements. Le chef d'établissement adresse à l'autorité académique les propositions qu'il a transmises à la collectivité territoriale de rattachement concernant la transformation, l'aménagement ou la fermeture de locaux ou d'installations situés dans son établissement.
- Lorsqu'un *danger grave et imminent* se déclare dans l'enceinte de l'établissement, il appartient au chef d'établissement de prendre toutes mesures d'urgence propres à préserver la sécurité. Il transmet en même temps à la collectivité territoriale et à l'autorité académique une demande de travaux de mise en sécurité des locaux ou installations déficientes, soulignant l'urgence de leur réalisation.
- L'interdiction pour tout ou partie du fonctionnement d'ateliers affectés aux enseignements technologiques, techniques et professionnels peut être prononcée également en raison de manquements aux prescriptions du Code du travail.

La commission d'hygiène et de sécurité

La loi de janvier 1991 a prévu la mise en place, dans tous les établissements publics dispensant un enseignement technique et professionnel et possédant un atelier, d'une commission d'hygiène et de sécurité. Cette commission, composée de représentants des personnels de l'établissement, des élèves et des parents d'élèves, de l'équipe de direction et d'un représentant de la collectivité de rattachement, présidée par le chef d'établissement, est chargée de suivre les questions d'hygiène et de sécurité, notamment les conditions de travail dans les ateliers.

L'OBSERVATOIRE NATIONAL DE LA SÉCURITÉ DES ÉTABLISSEMENTS SCOLAIRES

Un organisme d'État

L'observatoire national de la sécurité des établissements scolaires a été créé en 1995 pour faire le point sur les questions de sécurité dans les établissements. Il se compose de 48 membres représentant les élus locaux et nationaux, les personnels et les parents d'élèves, et l'État.
Cet organisme a pour mission d'étudier, au regard des règles de sécurité, l'état des immeubles et des équipements affectés aux établissements scolaires et aux CIO. Il informe les collectivités territoriales ou les propriétaires privés ainsi que les ministères concernés des conclusions de ses travaux. Il remet au ministre chargé de l'Éducation nationale, chaque 31 décembre, un rapport qui est rendu public.
Dans son rapport 1996, l'Observatoire a publié ses remarques concernant l'amiante, les machines-outils des lycées professionnels et techniques et la sécurité des écoles primaires.

L'amiante

Il apparaît, à la suite d'un questionnaire, que 13,2 % des lycées et 5,3 % des collèges contiennent de l'amiante. On en trouve des traces essentiellement dans les ateliers et les salles de restauration, mais aussi dans les locaux d'enseignement et les couloirs. Une aide d'un demi-milliard de francs sur trois ans pour les travaux de désamiantage des établissements scolaires (hors coût du désamiantage de la faculté de Jussieu) a été décidée par l'État en direction des collectivités locales chargées d'engager les opérations de mise en sécurité.

Les machines-outils

Concernant le parc de machines-outils de l'enseignement technique et professionnel, l'Observatoire a calculé que près de 60 % des 33 100 machines recensées dans 1 933 établissements ne sont pas conformes. 30 % sont jugées obsolètes et présentent de graves dangers pour les élèves et les personnels.

Les écoles primaires

Concernant les écoles primaires, un bâtiment sur dix présente des risques pour la sécurité des élèves en cas d'incendie. Le diagnostic a été fondé sur l'isolement des locaux à risque, l'éclairage de sécurité, les dispositifs d'alarme, la conception et l'entretien des escaliers, l'encombrement des couloirs. Les installations électriques sont à revoir dans une école sur quatre.

Les classes transplantées

Les classes transplantées sont des classes de découverte. En transplantant l'ensemble de l'effectif d'une classe d'une école maternelle ou élémentaire dans un autre lieu, on élargit l'horizon des enfants en leur faisant découvrir un environnement différent de leur quotidien.

Une véritable communauté

Ces classes, qui s'effectuent avec tous les élèves et les maîtres, sont très importantes pour construire une véritable communauté. Elles permettent de faire découvrir aux jeunes de nouveaux horizons, d'autres environnements et de les aider à construire leur autonomie en les séparant temporairement de leur famille. Souvent, ces classes sont l'occasion pour l'élève de remplir un cahier spécifique d'observations. Elles se divisent en deux groupes.

Les classes d'environnement

Ce sont les *classes de nature*: classes de neige, classes de mer, classes «vertes». Ces classes permettent aux enfants de connaître et respecter la nature. L'essentiel est de leur donner le goût d'observer et d'interroger, de développer chez eux le sentiment que les paysages, les animaux et les plantes ne constituent pas un acquis immuable et peuvent se trouver menacés par les activités humaines.

Les classes culturelles

Les *classes d'initiation artistique* consistent à faire participer les élèves d'une classe, accompagnés de leur maître, à l'activité de création d'un groupe d'artistes ou d'un organisme culturel.

Les *classes de patrimoine* séjournent dans un site présentant un intérêt historique, architectural, archéologique, ethnologique, littéraire ou artistique.

Les *classes scientifiques* initient les élèves à la réalisation d'activités scientifiques et technologiques sur divers sites comme la Cité des sciences et de l'industrie de la Villette, à Paris, ou le Futuroscope de Poitiers.

Les *séjours à l'étranger* se multiplient de plus en plus avec le développement de l'enseignement des langues vivantes étrangères à l'école primaire. Durant ces séjours, les jeunes peuvent être logés ensemble, notamment dans des auberges de jeunesse, ou par groupe de deux ou trois, dans des familles d'accueil.

L'organisation des classes transplantées

Ces séjours doivent durer au moins cinq jours pour que les classes soient considérées comme transplantées. L'organisation est le plus souvent le fait des municipalités, même si l'enseignant reste le responsable du séjour. Suivant leur taille et le nombre des écoles, les communes mettent souvent en place un roulement sur plusieurs années.

Les classes de neige durent en moyenne quatre jours de plus que les classes «vertes», deux jours de plus que les classes de mer. La durée d'un séjour varie en fonction du niveau d'enseignement. Les classes de CM2 partent en moyenne plus longtemps (onze jours) que les classes pré-élémentaires (sept jours).

LES DÉPARTS EN CLASSES TRANSPLANTÉES

Une baisse des départs

Alors qu'en 1995, 12 % des élèves étaient partis en classes de découverte, notamment en classe de neige, pour un séjour en dehors de l'école de plus de cinq jours, ce nombre a fortement baissé au cours des années 2000.

Des classes transplantées aux sorties scolaires avec nuitées, en passant par les multiples classes culturelles, sportives, linguistiques et patrimoniales, ou encore de neige, de montagne, de mer, de nature... les appellations abondent et signalent une réalité très diverse.

Après des années d'essor, les classes de découverte décroissent considérablement; si le nombre de départs masque l'étendue du désastre, une étude plus fine de la durée des séjours rend des conclusions sans appel: les élèves partent moins, et ils partent moins longtemps.

Deux affaires tragiques marqueront le coup d'arrêt de cette considérable expansion, l'accident du Drac en décembre 1995 et l'avalanche des Orres en janvier 1998. Le souci de sécurité prend alors le dessus, chez les enseignants comme chez les parents. L'heure est maintenant aux « sorties scolaires avec nuitées », encadrées par des textes réglementaires très contraignants.

Durée et destinations

Par rapport à la dernière enquête, portant sur l'année scolaire 1994-1995, les sorties scolaires de cinq nuitées et plus ont diminué de 50 % en 2004 au bénéfice des sorties courtes (entre deux et quatre nuits).

Concernant les destinations, si les classes de mer se maintiennent, les classes de montagne régressent et cèdent le pas aux sorties à caractère culturel, dont le prodigieux développement est très favorisé par la proximité des destinations, et donc, la durée plus courte des séjours.

4 propositions pour relancer les classes de découvertes

Les associations nationales d'élus se mobilisent en faveur des classes de découverte qui connaissent depuis une dizaine d'années un déclin certain (de -20 à -30 % en fonction du type de séjour). Elles estiment nécessaire de leur donner une nouvelle impulsion au vu des bienfaits que les élèves peuvent retirer de celles-ci comme expérience éducative et pédagogique exceptionnelle.

Réunies le 11 mai, en présence de représentants des organisations représentatives des enseignants, des parents d'élèves, des professionnels du tourisme et de la Montagne, les associations nationales d'élus préconisent des solutions pragmatiques et proches des réalités locales.

1. Elles demandent à l'Éducation nationale de contribuer à la relance des classes de découverte, en définissant une politique qui valorise le rôle des enseignants et les encourage à initier des projets de départs en classes de découverte.

2. Elles souhaitent que les transporteurs nationaux examinent la possibilité d'établir des conditions tarifaires rendant les classes de découverte plus accessibles aux familles.

3. Elles demandent au ministre de l'Éducation nationale, de la Jeunesse et de la Vie associative, de « détacher » un personnel de l'enseignement national, afin de produire des outils propres à relancer et à dynamiser les classes de découverte, au niveau national, en liaison avec les initiatives locales.

4. Elles proposent de faciliter les relations entre les villes émettrices et réceptrices de classes de découverte, à travers la signature d'un « protocole » qui prévoit la désignation d'un « ambassadeur local » dans chaque commune. Il aura pour mission, au niveau local et à la demande de l'enseignant, de faciliter l'organisation et le déroulement du séjour.

Les réseaux d'aide spécialisée

Les réseaux d'aide spécialisée aux élèves en difficulté (Rased) ont été constitués autour des écoles élémentaires et maternelles pour regrouper les structures chargées de venir en aide à ces élèves.

Les classes d'adaptation

- Les Rased regroupent des psychologues scolaires, des rééducateurs, des instructeurs spécialisés des classes d'adaptation et sont placés sous la responsabilité de l'IEN. Ils ont pris la suite des structures d'aides spécialisées qui existaient auparavant pour les enfants en difficulté scolaire: les groupes d'aide psychopédagogique (GAPP) et les centres médico-psychopédagogique (CMPP).
- Les classes d'adaptation regroupent de manière temporaire (quelques heures par semaine, quelques semaines) ou permanente les élèves ayant des difficultés scolaires, notamment des troubles spécifiques du langage écrit ou oral. Y interviennent des instituteurs spécialisés, titulaires le plus souvent du certificat d'aptitude aux actions pédagogiques spécialisées d'adaptation et d'intégration scolaire (Capsais).
- La présence des Rased vise à introduire plus de souplesse dans la politique de prévention des difficultés des enfants. Ils font partie de l'équipe pédagogique de l'école et, à ce titre, siègent au conseil des maîtres de l'école et au conseil de chaque cycle.
- Un membre du Rased, qu'il soit le psychologue scolaire, le rééducateur ou un des instituteurs titulaires du Capsais, participe obligatoirement aux réunions concernant les difficultés affectant le comportement d'un élève.

L'équipe éducative

Elle est composée des personnes auxquelles incombe la responsabilité d'un élève ou d'un groupe d'élèves. Elle comprend le directeur d'école, le ou les maîtres et les parents concernés, les personnels du Rased intervenant à l'école.

Le travail des Rased

- L'organisation du travail se fait en trois phases:

– repérage, tri, analyse des difficultés des élèves d'une école à partir des observations effectuées par les maîtres concernés et des réunions de l'équipe pédagogique de l'école;

– concertation entre le directeur de l'école concernée, les maîtres, les membres du Rased pour déterminer les modalités de prise en charge de l'élève;

– élaboration, en concertation avec les parents, d'un projet personnel pour l'enfant et mise en œuvre de l'aide, du suivi et de l'évaluation.

- Deux types d'aides spécialisées peuvent être prévus:

– à dominante pédagogique, dans des classes d'adaptation recevant en permanence un groupe de quinze élèves, ou dans des regroupements d'adaptation rassemblant temporairement les élèves en difficulté;

– à dominante rééducative, visant à recréer chez l'élève le désir d'apprendre.

LUTTER CONTRE L'ÉCHEC SCOLAIRE PRÉCOCE

Dès la maternelle

L'école maternelle constitue une étape fondamentale dans la scolarisation d'un enfant. Elle joue un rôle clé en faveur des enfants les moins favorisés pour l'accès au savoir.

Il faut repérer le plus tôt possible les difficultés des élèves à s'exprimer, à suivre tel récit oral, car cela peut permettre de prévenir rapidement la venue d'autres difficultés lors de l'apprentissage de la lecture ou de l'écriture. La détection et le suivi des enfants en difficulté, dès la maternelle, supposent une collaboration étroite des différents intervenants au sein de l'Éducation nationale.

L'école maternelle doit donc permettre, en liaison avec les psychologues et les orthophonistes des Rased, de détecter les problèmes. Pour ce faire, la maternelle doit éviter deux attitudes extrêmes : une entrée trop précoce de l'enfant sans que les moyens d'accueil et de prévention existent ; une grande section qui soit un lieu d'angoisses car insistant trop sur les risques d'échec au CP.

La maternelle développe remarquablement des enfants pour qui connaître, découvrir est une fin en soi.

Repérer le « silencieux »

Alain Bentolila, professeur de linguistique qui travaille sur les causes de l'illettrisme, s'est interrogé sur ce que certains comportements pouvaient donner à penser concernant les modalités d'acquisition du langage écrit et oral. Il a constaté que, lorsque des enfants de 4 ou 5 ans étaient groupés dans un « atelier d'expression », trois cercles avaient tendance à se former, qui ne se mêleraient pas tout au long de la séance. Il y a d'abord le cercle des *maîtres de la parole*, ce sont ceux qui conduisent la conversation, en décident les thèmes successifs, en organisent les relais. Vient ensuite le cercle des *intervenants ponctuels*, c'est-à-dire ceux qui parlent, interviennent sur le discours des premiers, pour renchérir ou pour s'opposer de façon brève et soudaine. Enfin, il y a le cercle des *silencieux*, parfois ils observent et semblent écouter, le plus souvent, ils paraissent totalement étrangers à une activité qu'ils refusent, qu'ils redoutent et dont, en aucune façon, ils ne perçoivent les enjeux. Il est clair que les illettrés de demain se recruteront parmi ces élèves silencieux, privés de modèles et d'exemples.

Les universités

Lieu de transmission des connaissances et centre de recherches fondamentales, les 80 universités françaises tentent, à travers leur autonomie et leur politique d'orientation, de construire des parcours de réussite pour les 2 millions d'étudiants qu'elles accueillent.

Des établissements autonomes

- Depuis la loi Savary du 26 janvier 1984, les universités, établissements publics à caractère scientifique, culturel et professionnel (EPSCP), jouissent d'une autonomie pédagogique, scientifique, administrative et financière, autonomie diversement appliquée car faisant toujours débat.
- De 16 sites (hors la Sorbonne) en 1960, la carte des universités s'est étendue à 80 établissements en 1996 et près de 50 antennes décentralisées, où 2 millions d'étudiants des trois cycles d'études supérieures sont accueillis.
- À l'heure actuelle, 80 % environ des ressources des EPSCP sont gérées par l'administration centrale du ministère, ce qui limite la réelle autonomie des universités.

Les PRES

- Les pôles de recherche et d'enseignement supérieur (PRES) visent à rassembler, sur un même territoire, tous les établissements d'enseignement supérieur y existant pour leur permettre de travailler ensemble.
- Ce regroupement vise à mieux valoriser les potentiels des universités françaises. Ainsi, en octobre 2011, le ministre de l'Enseignement supérieur a-t-il déclaré à propos du classement des universités par l'université de Shanghai : « Les auteurs du classement, à ma demande, ont réalisé une simulation et proposent de prendre en compte les PRES à l'avenir s'ils poursuivent leurs rapprochements. Les résultats sont spectaculaires. Quatre PRES pourraient intégrer directement le Top 50 des universités mondiales… ».

La Conférence des présidents d'université

Indépendamment des syndicats représentant les personnels et les étudiants, l'interlocuteur principal du ministre et de la Direction des enseignements supérieurs est la Conférence des présidents d'université (CPU), organisme présidé par le ministre et dont le premier vice-président est un président d'université élu par ses pairs. La CPU a un rôle de réflexion sur les questions qui se posent aux universités, comme la gestion de leur autonomie, le statut de l'étudiant et la mise en place d'une politique d'orientation et de tutorat permettant d'assurer une meilleure réussite des jeunes engagés dans des études universitaires.

La place des étudiants

La participation des étudiants à la gestion des universités est inscrite depuis 1969 dans les textes réglementaires. Chaque année, les étudiants élisent leurs représentants au conseil de l'université et chaque université a un vice-président étudiant. Ces élections ne mobilisent que rarement les étudiants, puisque l'abstention dépasse souvent 90 %.

LE STATUT DE L'ÉTUDIANT

À la rentrée 2001, un peu plus d'un bachelier général sur deux, 20 % des bacheliers technologiques, 6 % des bacheliers professionnels, poursuivent des études à l'université.
Près de 3 nouveaux inscrits sur 10 se retrouvent à l'université faute d'avoir été retenus dans une filière sélective. Ils sont 48 % dans ce cas en Sciences-éco-AES et 37 % en Sciences.

Les aides sociales

1 665 000 étudiants pouvaient être en 2000-2001 concernés par des aides financières.
475 742 étudiants ont été aidés, ce qui représente 28,7 % d'entre eux, par une bourse sur critères sociaux ou par une allocation d'études, une bourse de troisième cycle ou une bourse au mérite.
Les *bourses sur critères sociaux* représentent 97 % de l'ensemble des aides attribuées aux étudiants par le ministère de l'Éducation nationale. Elles sont accordées dans les deux premiers cycles en prenant en compte les revenus ainsi que les charges de la famille et de l'étudiant.
Les autres aides financières sont :
– les *bourses au mérite*, créées à la rentrée universitaire 1998 pour les bacheliers avec mention très bien ;
– les *bourses sur critères universitaires* (BCU) qui comprennent les bourses pour la préparation d'un Master ou d'une agrégation ;
– les *bourses de service public*, destinées à des étudiants inscrits à la préparation de certains concours de la fonction publique.
La proportion d'étudiants aidés a progressé de 23,6 % en 1997-1998 à 28,7 % en 2000-2001, à cause de l'augmentation du nombre d'étudiants bénéficiant d'une bourse sur critères sociaux.
La gestion des bourses de l'enseignement supérieur est assurée, sous la responsabilité des recteurs, par les centres régionaux des œuvres universitaires et scolaires (CROUS), au sein desquels siègent des représentants étudiants et qui gèrent également les logements et les restaurants universitaires.

L'engagement des étudiants dans la vie universitaire

Une vice-présidence étudiante et la mise en place dans toutes les universités d'un Conseil des études et de la vie universitaire (Cevu) sont la preuve de l'intérêt des étudiants pour le fonctionnement de leur université. C'est notamment le Cevu qui examine les projets déposés par les étudiants pour obtenir des crédits dans le cadre du Fonds d'amélioration de la vie étudiante (Fave).
L'investissement des étudiants se manifeste également dans les tutorats d'étudiants de premier cycle sous la responsabilité d'un enseignant.

80 universités

Les 80 universités françaises peuvent se regrouper en trois grandes catégories, en fonction de
• leur caractéristique disciplinaire :
– 15 universités à dominante scientifique et médicale ;
– 21 universités à dominante littéraire, juridique ou économique ;
– 44 universités dites pluridisciplinaires ;
• et en quatre catégories selon le nombre d'étudiants :
– 18 universités ont moins de 10 000 étudiants. Il s'agit des 7 universités nouvelles, d'universités spécialisées dans les lettres et le droit ou d'universités à aire de recrutement géographique délimitée ;
– 31 universités accueillent entre 10 000 et 20 000 étudiants ;
– 26 universités rassemblent entre 20 000 et 30 000 étudiants ;
– 5 universités dépassent les 30 000 étudiants, dont 4 en région parisienne.

Le recrutement et la formation des enseignants

Les instituts universitaires de formation des maîtres (IUFM) créés en 1989 ont été, entre 2006 et 2009, intégrés dans une université pendant que le ministère changeait les modalités de recrutement et de formation initiale des enseignants au travers du processus de « mastérisation ».

Les nouveaux masters

La mise en place dans les universités de « masters » de préparation au métier enseignant à la rentrée 2010 devrait permettre de se préparer au métier enseignant dans le niveau choisi et de réussir le concours concerné.

Pendant les deux années de masters, les étudiants effectuent :

– une initiation à la recherche sur une discipline ou un domaine éducatif avec production d'un mémoire ;

– des approches des compétences professionnelles nécessaires à l'exercice du métier enseignant avec ouverture sur d'autres métiers éducatifs ;

– des stages d'observation et de pratique accompagnée dans des établissements scolaires, en responsabilité pour les admissibles au concours en M2 ;

– la préparation des épreuves écrites et orales des concours de recrutement.

Un lourd travail pour l'étudiant

La préparation du concours et du master représente un lourd travail, notamment en master 2 :

– pendant l'été, l'étudiant doit préparer les épreuves écrites des concours de recrutement prévues à l'automne en début de 2e année de master ;

– en septembre, il passe les épreuves écrites d'admissibilité du concours de professeur des écoles ou en novembre les CAPES ;

– s'il est reçu, il aura entre six et huit mois pour poursuivre son initiation à la recherche et rédiger un mémoire de master, s'approprier les contenus des dix disciplines enseignées à l'école primaire ou des programmes de sa discipline au collège et au lycée, apprendre à maîtriser les contenus didactiques et pédagogiques propres à sa ou ses disciplines, préparer des épreuves orales d'admission qui détermineront sa réussite au concours enseignant, obtenir une certification en informatique et en langues vivantes, etc. et assurer un stage en responsabilité rétribué de 108 heures.

Les concours de recrutement

Les concours de recrutement ont donc leurs dates fixées pendant la deuxième année de master.

Pour le concours de professeur des écoles, pour les épreuves d'admissibilité : fin septembre en début de M2 ; pour les épreuves d'admission : en juin.

Pour les concours destinés à l'enseignement du second degré, pour les épreuves d'admissibilité : en novembre ; pour les épreuves d'admission : entre mai et juillet.

Depuis la session 2011, les concours de recrutement d'enseignants ont deux épreuves d'admissibilité à caractère disciplinaire et deux épreuves d'admission comportant une dimension professionnelle.

LES CONCOURS DES PERSONNELS ENSEIGNANTS

Connaître les épreuves du concours de professeur des écoles

Le candidat au concours de professeur des écoles doit passer deux épreuves écrites d'admissibilité :

– épreuve écrite de français et d'histoire-géographie, et instruction civique et morale ;

– épreuve écrite de mathématiques et de sciences expérimentales et de technologie.

S'il est reçu à l'écrit, il doit ensuite passer deux épreuves orales d'admission :

– préparation d'une séquence d'enseignement en mathématiques et interrogation, au choix du candidat, sur les arts visuels, la musique ou l'EPS ;

– préparation d'une séquence d'enseignement en français et interrogation sur la compétence « agir en fonctionnaire de l'État et de façon éthique et responsable ».

Connaître les épreuves des concours du second degré

Le candidat au concours du second degré doit passer deux épreuves écrites d'admissibilité visant à apprécier les compétences disciplinaires :

– une épreuve de composition, de commentaire ou d'analyse de document(s) portant selon les disciplines sur un programme spécifique, sur les programmes du secondaire, ou sans programme défini ;

– une seconde épreuve portant sur des capacités disciplinaires différentes : autre discipline ou autre type d'exercice.

S'il est reçu à l'écrit, il doit ensuite passer deux épreuves orales d'admission :

– une leçon (ou exposé) portant sur les programmes du secondaire suivie d'un entretien avec le jury ;

– une épreuve sur dossier comportant deux parties : 14 points portant sur des propositions d'analyse et d'approche pédagogique du dossier et 6 points sur la compétence « agir en fonctionnaire de l'État de façon éthique et responsable ».

L'année de stage des enseignants

Après leur réussite au concours, les étudiants deviennent des enseignants-stagiaires pour une année. Le texte ne prévoit aucun cahier des charges, aucun cadrage en termes de contenus de la formation. Il indique également que concernant « les formations plus individualisées et optionnelles, adaptées au parcours professionnel du stagiaire se dérouleront sauf exception hors du temps de service. »

Suivant la discipline, l'académie, le département, l'enseignant-stagiaire pourra avoir un service complet ou quelques heures de décharges...

L'enjeu de l'accompagnement à la prise de fonction des enseignants

Il est très important que le jeune reçu au concours de recrutement soit accompagné dans sa première année d'exercice.

Les textes réglementaires ont prévu que chaque stagiaire puisse avoir un tuteur.

Un nombre important de « tuteurs » ont leur service dans un autre établissement que celui où le stagiaire est affecté. Dans les académies où il y a un fort « turn over » des enseignants en collège ou dans les petits et moyens collèges où il n'y a qu'un enseignant pour un certain nombre de disciplines, nombre de « tuteurs » des stagiaires de collège enseignaient en lycée...

Comme il est écrit dans le rapport officiel de Jean-Michel Jolion : « *Masterisation de la formation initiale des enseignants : enjeux et bilan* » remis au ministre de l'Enseignement supérieur en octobre 2011 : « Dans la réforme mise en place, nous utilisons ce type de concours pour ouvrir directement sur une profession et non sur une formation professionnalisante, la poursuite de la formation durant la première année d'exercice ne pouvant en aucun cas être considérée comme une vraie formation professionnelle. »

Les organismes paritaires

L'administration de l'Éducation nationale n'a pas tout pouvoir pour prendre ses décisions. Les comités techniques paritaires (CTP) et les commissions administratives paritaires (CAP) sont obligatoirement consultés pour toutes les questions relatives à la fonction publique et celles touchant les personnels.

Les comités techniques paritaires

Les comités techniques paritaires (CTP) sont organisés sur une base géographique et regroupent de façon paritaire (en nombre égal) les représentants de l'administration au niveau concerné et les représentants des diverses catégories de personnels. Les CTP sont consultés pour toutes les décisions concernant la répartition des emplois, les fermetures de postes et les ouvertures de sections.

Il existe un CTP général relatif à l'ensemble de la fonction publique où siègent les représentants des fédérations de fonctionnaires, le ministre de la Fonction publique ou son représentant et les représentants des ministères concernés.

On distingue trois catégories de CTP au niveau du ministère de l'Éducation nationale :

– *le Comité technique paritaire ministériel (CTPM)*, consulté à propos de l'ensemble des lois, décrets, circulaires, notes de service ;

– *le Comité technique paritaire académique (CTPA)* siège au niveau du rectorat. Il est consulté à propos des décisions relevant du recteur, notamment la répartition des moyens des lycées et en heures des personnels ;

– *le Comité technique paritaire départemental (CTPD)* siège au niveau de l'inspection académique. Il est consulté pour les créations et les suppressions de postes dans les collèges et les écoles.

Les commissions administratives paritaires

Ce sont des organismes où siègent à parité des représentants de l'administration et des représentants élus des personnels. Ils examinent toutes les décisions individuelles (notation, mutation, avancement, promotion, etc.). Il existe autant de CAP que de catégories de personnels enseignants, de direction, Atos, etc.

Les CAP existent pour toutes les catégories de fonctionnaires, quel que soit le ministre dont elles dépendent ; elles peuvent également siéger en tant que conseil de discipline.

Pour l'Éducation nationale, on distingue trois catégories de CAP :

– *les commissions administratives paritaires nationales (CAPN)* sont compétentes pour les catégories gérées nationalement pour les mutations, l'avancement, les titularisations, les temps partiels, etc. ;

– *les commissions administratives paritaires académiques (Capa)*, qui siègent dans les rectorats, sont compétentes concernant leur carence pour toutes les catégories gérées rectoralement. Les Capa sont également consultées pour les mouvements rectoraux des personnels ;

– *les commissions administratives paritaires départementales (CAPD)*, qui siègent dans les inspections académiques, sont compétentes pour les décisions concernant les instituteurs et les professeurs des écoles.

LA PRÉPARATION DE LA RENTRÉE

Au niveau du rectorat et des IA

Le budget de l'Éducation nationale concernant la rentrée à venir est généralement voté en novembre et est exécutoire avec l'ensemble du budget de la nation à partir du 1er janvier.

Début février, le ministre informe les rectorats et les inspections académiques des crédits dont ils pourront disposer. L'attribution s'effectue sur la base du nombre d'élèves attendus dans chaque académie.

Souvent, les autorités académiques doivent faire des choix :

- augmenter le nombre d'élèves par classe pour ne pas avoir à créer de postes pour lesquels ils n'ont pas de crédits ;
- supprimer des classes, des écoles, pour pouvoir en ouvrir là où il y en a fortement besoin ;
- supprimer des options de langues rares, d'enseignement artistique, là où les parents ne font pas trop pression pour le maintien de tels enseignements.

Au niveau du CTP

De telles décisions sont lourdes de conséquences et elles entraînent généralement des protestations quasi unanimes des représentants des personnels. Il n'est pas rare qu'elles se déroulent sous la pression de manifestations réunissant les parents d'élèves, les élus locaux et les personnels des établissements concernés. La réunion du CTP est aussi l'occasion d'en appeler à l'instance supérieure ou au ministère pour obtenir une dotation supplémentaire permettant d'éviter la fermeture d'une école qui consacrerait la mort d'un village.

Dans les établissements

Les conseils d'école, d'administration des collèges et lycées prennent à leur tour connaissance des dotations affectées à leur établissement, des suppressions de classes, d'options, de postes, etc. Dans le cadre de son autonomie, le CA essaie d'adapter la dotation horaire globale qui lui a été attribuée aux caractéristiques des élèves de l'établissement.

En mai-juin, les CAP examinent les mutations et les affectations des personnels. Nommés, ceux-ci peuvent prendre contact avec leur établissement courant juin.

Fin août, le chef d'établissement fait le compte des supports budgétaires et des personnels effectivement nommés.

Des ajustements ont toujours lieu pendant les premières semaines de la rentrée.

Le comité local d'éducation (CLE)

Une circulaire d'octobre 1997 a annoncé la mise en place des comités locaux d'éducation. Chaque comité est composé d'une vingtaine d'élus locaux, de parents d'élèves et de directeurs d'école et se réunit trois fois par an sous la responsabilité de l'inspecteur de l'Éducation nationale.

Les CLE travaillent en amont des CTP pour préparer les décisions concernant la carte scolaire. Ils sont consultés lorsque sont prises au printemps les premières décisions d'ouverture et de fermeture de classe, avant les réajustements de fin d'année scolaire et après la rentrée pour établir un bilan.

Les organismes consultatifs

Les organismes consultatifs auprès du ministre de l'Éducation nationale donnent des avis et font des propositions sur tous les enseignements. Le plus important est le Conseil supérieur de l'Éducation (CSE, voir ci-contre).

Le haut conseil de l'Éducation

- Créé par la loi du 23 avril 2005, le haut conseil de l'Éducation, remplaçant le conseil national des programmes et le haut conseil de l'Évaluation, est composé de 9 membres désignés pour 6 ans. 3 de ses membres sont désignés par le président de la République, 2 par le président de l'Assemblée nationale, 2 par le président du Sénat et 2 par le président du Conseil économique et social.
- Le haut conseil de l'Éducation émet un avis et peut formuler des propositions à la demande du ministre de l'Éducation nationale, sur les questions relatives à la pédagogie, aux programmes, aux modes d'évaluation des connaissances des élèves, à l'organisation et aux résultats du système éducatif et à la formation des enseignants.

Le Conseil national de l'enseignement supérieur et de la recherche (Cneser)

- Le Cneser est consulté sur tous les textes en rapport avec l'enseignement supérieur. Il est présidé par le ministre ayant en charge l'enseignement supérieur ou par son représentant. Il peut siéger en formation contentieuse et disciplinaire en appel et en premier ressort sur les décisions disciplinaires (notamment pour les fraudes aux examens, baccalauréat surtout) prises par les conseils de disciplines universitaires compétentes à l'égard des enseignants-chercheurs, enseignants et usagers. C'est devant lui que le ministère présente, chaque année, la répartition des crédits entre les différentes universités, les créations de postes, etc.
- Il est composé de représentants des enseignants-chercheurs, des autres personnels, des parents d'élèves, des collectivités territoriales.

Des organismes de dialogue

On compte aussi quelques autres organismes consultatifs parmi lesquels :

– le Haut Comité Éducation-Économie et les commissions professionnelles consultatives (CPC) qui permettent la concertation entre le monde de l'entreprise et celui de l'Éducation nationale ;

– le Conseil national de la vie lycéenne (CNVL) qui vise à permettre le dialogue entre le ministre et les représentants des lycéens pour faire le point sur les problèmes de vie scolaire dans les lycées ;

– le Conseil national des associations éducatives complémentaires de l'enseignement public (CNAECEP), structure de concertation entre les représentants du ministère de l'Éducation nationale, des parents d'élèves, des personnels et ceux des associations complémentaires agréées ;

– des commissions professionnelles consultatives (CPC) composées de représentants des personnels et des professions (employeurs et salariés).

LE PARLEMENT DE L'ÉDUCATION NATIONALE

Le Conseil supérieur de l'Éducation

Tous les textes, lois, décrets, arrêtés, circulaires, programmes et instructions officielles concernant l'Éducation nationale, sont soumis pour avis au vote du Conseil supérieur de l'Éducation (CSE) qui est en quelque sorte le parlement de l'Éducation nationale.

Présidé par le ministre de l'Éducation nationale ou par son représentant, le Conseil supérieur de l'Éducation est composé de représentants des enseignants du public et du privé, des enseignants-chercheurs, des autres personnels, des parents d'élèves du public et du privé, des étudiants, des collectivités territoriales, des associations périscolaires et familiales, des représentants des grands intérêts éducatifs, économiques, sociaux et culturels.

Les représentants des enseignants-chercheurs sont élus par les représentants des mêmes catégories élus du Conseil national de l'enseignement supérieur et de la recherche.

Les représentants des enseignants, des autres personnels et des parents d'élèves sont désignés par le ministre de l'Éducation nationale proportionnellement aux résultats des élections professionnelles les concernant. Les représentants des étudiants sont désignés sur proposition d'étudiants proportionnellement aux résultats des élections au Cneser.

Un avis écouté

Le CSE comprend une section permanente qui est compétente pour se prononcer sur tous les textes. Les membres de cette section sont élus à la proportionnelle par les membres du CSE, catégorie par catégorie.

Le CSE peut, sur les problèmes qui sont de sa compétence, se réunir en section contentieuse et disciplinaire. Dans cette section, sont notamment examinées les affaires relatives aux conditions d'ouverture des établissements privés ou les affaires disciplinaires concernant les maîtres d'internat-surveillants d'externat pour lesquels des mesures d'exclusion sont envisagées.

Le ministre peut juridiquement ne pas tenir compte de l'avis du CSE, puisque celui-ci n'est que consultatif. C'est rarement le cas, notamment lorsque le vote sur le texte a été très majoritairement négatif. Il est donc assez fréquent qu'un texte repoussé par le CSE revienne en seconde lecture, quelques mois après, avec des modifications prenant en compte certaines des remarques du conseil.

Les établissements publics nationaux

Les établissements publics nationaux ayant mission de recherche pédagogique, de diffusion et de communication ont été réorganisés ces dernières années et sont devenus le SCEREN/CNDP et l'IFE.

L'IFE (Institut Français d'Éducation) ex-INRP (Institut National de la Recherche Pédagogique)

- En 2010-2011, l'Institut national de recherche pédagogique, qui menait des recherches dans le domaine éducatif et publiait différentes revues, a été absorbé par l'École normale supérieure de Lyon. Il en est devenu une composante sous le nom d'Institut français de l'Éducation (IFE). Il a conservé des instances de gestion propres (directeur, conseil de gouvernance, conseil d'orientation stratégique et scientifique). L'IFE n'assure plus la mission muséographique de l'ancien INRP, qui va être dévolue à une structure particulière de gestion du Musée national de l'éducation.
- L'IFE développe une politique de mise en place de ressources numériques en direction des nouveaux enseignants pour les aider dans leur prise de fonction (site NEO PASS).

Il continue à publier *La revue française de pédagogie.*

- Cette décentralisation et cette réorganisation, liées à une diminution des moyens affectés à cette institution, ont suscité de nombreuses interrogations quant à la pérennité des missions de recherche en éducation, de diffusion des résultats de ces recherches que réalisait l'ancien INRP.

Le Centre national de documentation pédagogique (CNDP/SCEREN)

- Le CNDP est chargé des transmissions, documentation, édition, ingénierie éducative, auprès des établissements scolaires et universitaires. Il coordonne l'activité des Centres régionaux de documentation pédagogique (CRDP) qui sont au nombre de 31 (un par académie).
- Le réseau CNDP prend l'appellation de SCEREN (Services culture, éditions, ressources pour l'Éducation nationale). Désormais, il affirme son identité de service public chargé de l'accompagnement du plan pour les arts et la culture à l'école, du développement des éditions et des ressources pédagogiques pour l'Éducation nationale.
- Le SCEREN compte 3000 professionnels de l'éducation pour conseiller, guider, concevoir et informer. Il comprend le CNDP, les 31 CRDP, les 85 CDDP et de nombreux centres locaux de proximité, 120 librairies, 155 médiathèques. Il propose plus de 2000 titres dans le catalogue national sur tous supports: revues, livres, vidéocassettes, DVD, cédéroms, dossiers en ligne, etc., 50 sites Internet, 600 ouvrages et 100 heures de programmes audiovisuels par an.
- Le SCEREN, qui mène de multiples actions de proximité (prêt de document, animation autour des ressources, expertise, conseil et prochainement participation à l'élaboration de l'espace de ressources éducatives numériques en libre accès), va les amplifier en direction des écoles et des établissements scolaires, en allant au devant des usagers, puisqu'il envisage d'élargir son public aux élèves, aux parents d'élèves et établissements d'enseignement supérieur.

LES PUBLICATIONS DE L'ÉDUCATION NATIONALE

Le B.O.E.N.

Chaque semaine, est publié le *Bulletin officiel de l'Éducation nationale*, le *B.O.E.N.* Celui-ci est composé de deux parties :
– l'actualité de l'Éducation nationale avec les rubriques concernant la vie des établissements, les publications concernant l'Éducation nationale, les décisions du ministère et l'agenda des colloques et réunions sur l'éducation ;
– les textes réglementaires : lois, décrets, circulaires, notes de services classés par rubrique.
Le *B.O.E.N.* publie également le programme des émissions télévisées du Centre national de documentation pédagogique prévues sur « la Cinquième ».
Consultation du B.O.E.N. sur le site :
www. education.gouv.fr.

Les publications de la DPD

La Direction de la programmation et du développement (DPD) – anciennement DEP – a entrepris depuis quelques années une politique de publication d'enquêtes, d'études, de données statistiques sur l'ensemble des questions concernant le système éducatif. Elle publie notamment :
– l'*État de l'école* : panorama du système éducatif à travers trente indicateurs synthétiques remis à jour chaque année ;
– la *Géographie de l'école* : étude par région, académie et département des résultats de l'école ;
– *Repères et Références statistiques* : édition annuelle de données statistiques ;
– le *Répertoire des établissements publics d'enseignement et de service* : édition annuelle adressée à chaque établissement à consulter, notamment, lors des opérations de mutations des personnels ;
– les *Notes d'information* de la DEP (cinquante numéros par an) ;
– la revue *Éducation et Formation* (quatre numéros par an) ;
– les dossiers d'*Éducation et Formation* (douze numéros par an).

Autres établissements publics

Le *Centre national des œuvres universitaires et scolaires (Cnous)* coordonne l'action des centres régionaux des œuvres universitaires et scolaires (Crous).
Le *Centre international d'études pédagogiques (Ciep)*, situé à Sèvres, développe une politique de formation à destination de stagiaires d'autres pays et de coopération avec des organismes similaires étrangers.
Le *Centre national d'études et de formation pour l'enfance inadaptée (Cnefei)*, situé à Suresnes, est un centre de recherche et de formation sur les questions de l'éducation spécialisée. Il organise les stages nationaux sur ces sujets ; c'est un lieu-ressource pour tous les personnels intervenant dans ce secteur.
Il faut citer également le *Centre national d'enseignement à distance (Cned)* (cf. p. 13) et l'*Office national d'information sur les enseignements et les professions (Onisep)* (cf. p. 95).
L'INRP produit également des banques de données sur la recherche en éducation (www.inrp.fr).

Le mouvement syndical

L'Éducation nationale est un secteur où se maintient un taux de syndicalisation relativement plus élevé que dans les autres secteurs d'activités. Deux grandes fédérations : l'Union nationale des syndicats autonomes (UNSA-Éducation) et la Fédération syndicale unitaire (FRU) dominent le syndicalisme enseignant.

L'importance des syndicats

- La représentativité des organisations syndicales est constatée lors des élections professionnelles qui se tiennent tous les trois ans (décembre 1999, décembre 2002) et qui ont pour fonction d'élire les représentants des personnels dans les différentes structures paritaires. Ces élections ont généralement un taux de participation assez élevé (plus de 70 %).
- Avant 1992, le syndicalisme dans l'Éducation nationale se caractérisait par la puissance de la Fédération de l'Éducation nationale (FEN) et de son principal syndicat, le Syndicat national des instituteurs (SNI). La FEN était organisée par syndicats nationaux (48), sections départementales et par tendances.
- Aujourd'hui le mouvement syndical dans l'Éducation nationale est beaucoup plus émietté, même si deux grosses fédérations, la Fédération syndicale unitaire (FSU) et la FEN, représentent à elles deux plus de 70 % des syndiqués.

la Fédération syndicale unitaire (FSU)

Cette fédération est née en 1992 de l'explosion de la FEN. Aux élections de décembre 1993, elle est devenue la première organisation des personnels de l'Éducation nationale et a conforté cette position dominante à celles de décembre 1996, 1999 et 2002. Elle compte plusieurs syndicats nationaux parmi lesquels le SNUIPP (premier degré), le SNES (second degré), le Snesup (enseignement supérieur), premières organisations de leur secteur, et des syndicats de personnels administratifs (Unatos), d'infirmiers, d'assistants sociaux, d'intendants, etc.

UNSA-Éducation

L'Union nationale des syndicats autonomes (UNSA) a pris la suite de la majorité de l'ancienne Fédération de l'Éducation nationale (FEN). Elle comprend notamment : le syndicat des enseignants (SE) qui a remplacé l'ancien Syndicat national des instituteurs (SNI) ; il est devenu minoritaire dans le premier degré aux élections de décembre 1996, une situation qui a perduré aux élections de 1999 et 2002 ; des syndicats de personnels administratifs, ouvriers et de service, d'intendants, de chefs d'établissement majoritaires dans leurs secteurs respectifs comme le SNPDEN-UNSA (Syndicat national des personnels de direction de l'Éducation nationale).

Les autres organisations syndicales

L'Éducation nationale compte d'autres organisations syndicales comme le Syndicat général de l'Éducation nationale (SGEN-CFDT), la Fédération nationale Éducation Culture (FNEC-FO), la Confédération syndicale de l'Éducation nationale (CSEN) avec le SNALC implanté parmi les agrégés et les certifiés et Solidaires, Unitaires et Démocratiques (SUD).

LES SYNDICATS NATIONAUX

Le Syndicat des enseignants (SE)

Il est l'héritier du puissant Syndicat national des instituteurs (SNI) dont les militants devaient, entre 1930 et 1950, créer un important secteur mutualiste. Ce syndicat devient, dans les années 1960, le SNI-PEGC en décidant la syndicalisation des professeurs d'enseignement général de collège (PEGC).

Tant que les instituteurs ont représenté 90 % des enseignants, le SNI-PEGC a été tout puissant. Quand le nombre d'enseignants du second degré a dépassé celui du premier degré, le centre de gravité du système éducatif s'est trouvé déplacé. Cette situation a entraîné la crise de la FEN et l'exclusion par la direction dominée par les militants du SNI-PEGC des syndicats du second degré de cette fédération qui ont contribué à fermer la Fédération syndicale unitaire (FSU).

Le SNI-PEGC s'est alors transformé en un Syndicat des enseignants (SE), marquant ainsi sa volonté de syndiquer tous les personnels enseignants, mais il est rapidement devenu minoritaire dans ce milieu.

Le Syndicat national unifié des instituteurs, professeurs d'écoles et des collèges (SNUIPP)

Ce syndicat de la FSU est né en 1993. Il regroupe les personnels du premier degré et du PEGC qui ont refusé l'éclatement de la FEN. Il est devenu, en quelques années, à l'occasion des élections professionnelles de 1996 et 1999, le premier syndicat de ce secteur fortement implanté auprès des jeunes enseignants.

Le Syndicat national des enseignants du second degré (SNES)

La montée en puissance de ce syndicat concernant les professeurs de lycée et de collège est lié au développement de ce secteur dans les trente dernières années. Reconnu pour son efficacité à tenir les enseignants au courant des nouveaux textes en vigueur et des modifications de leur situation de carrière, le SNES est très majoritaire aux élections des représentants des personnels enseignants exerçant dans le second degré. Il représente une des principales composantes de la Fédération syndicale unitaire (FSU).

Le Syndicat national de l'enseignement technique et des centres d'apprentissage autonome (SNETAA)

Ce syndicat, né à la fin des années 1940 dans un secteur dominé par la CGT, a d'abord rejoint la FSU, après l'éclatement de la FEN, puis a pris son autonomie en 2000. Il syndique les personnels des lycées professionnels dont il est le syndicat le plus représentatif, devant le syndicat de l'Éducation nationale CGT (SDEN-CGT).

Le syndicalisme dans l'enseignement privé

Trois syndicats se partagent les suffrages des personnels de l'enseignement privé sous contrat. Leur représentativité est mesurée à l'occasion des élections des représentants des personnels aux commissions consultatives mixtes académiques ou départementales (CCMA ou CCMD) qui sont compétentes pour la gestion des personnels du privé.

Le *Syndicat national de l'enseignement chrétien (SNEC)*, rattaché à la Confédération française des travailleurs chrétiens (CFTC) a obtenu environ 38 % à ces élections.

Le *Syndicat professionnel de l'enseignement libre catholique (SPELC)*, syndicat autonome, obtient environ un tiers des voix. La *Fédération de l'enseignement privé (FEP)*, rattachée à la Confédération française démocratique du travail (CFDT) obtient un peu moins d'un tiers des voix.

Les relations école-entreprise

Depuis une dizaine d'années, la coopération s'est accrue avec le monde de l'entreprise. Les formations technologiques et professionnelles ont inclus un stage en entreprise dans leur cursus.

Les actions mises en œuvre

Les entreprises, en liaison avec l'école, ont développé un certain nombre d'actions :

– la mise en place de *structures d'information* : l'Union des industries minières et métallurgiques (UIMM) a notamment mis en place des « classes industrie » et un car « Planète métal » qui va à la rencontre des jeunes des lycées et collèges ;

– le développement *des séquences éducatives et des stages en entreprises* ; certaines branches professionnelles ont prévu des formations de tuteurs dans l'entreprise pour accueillir les jeunes en stage et les initier à la vie de l'entreprise ;

– la réflexion sur *les évolutions des contenus du travail*. On parle aujourd'hui davantage de compétence que de métier. Les compétences représentent la capacité à utiliser un savoir, des savoir-faire, des comportements pour maîtriser une situation professionnelle donnée. Les nouvelles technologies font en effet disparaître certaines tâches, en créent de nouvelles, obligeant chacun à s'adapter rapidement ;

– le développement de *jumelages*, de partenariat lycées-collèges-entreprises. La plupart des accords de partenariat débouchent à présent sur des actions visant à mettre sur pied de véritables formations par l'alternance, des contributions des entreprises à la modernisation d'équipements pédagogiques, des interventions de professionnels dans la formation des élèves et des adultes.

L'évolution des métiers

– Le niveau du diplôme est aujourd'hui la protection la plus efficace contre le chômage, mais il n'est pas un passeport totalement garanti. Les employeurs sont de plus en plus exigeants, ils ont besoin de collaborateurs immédiatement opérationnels. Ils allongent leurs délais de réflexion avant l'embauche afin de vérifier la motivation du candidat.

– La préparation du projet personnel de l'élève dans le cadre de son orientation doit intégrer de plus en plus une dimension « insertion professionnelle et connaissance des besoins des entreprises », d'où l'intérêt pour les établissements, les conseillers d'orientation-psychologues, les professeurs principaux de développer le partenariat avec le milieu des entreprises, et pour les jeunes d'avoir effectué quelques stages professionnalisants.

Les commissions

Les commissions professionnelles consultatives (CPC) travaillent par branche de métier à élaborer les contenus d'enseignement et le référentiel des diplômes. Elles sont composées de représentants des organisations d'employeurs, de salariés, des représentants de l'administration et des corps d'inspection de l'Éducation nationale, et des organisations syndicales enseignantes.

FAVORISER L'INSERTION PROFESSIONNELLE

D'abord, trouver un stage

L'efficacité de l'enseignement professionnel passe par une définition claire du rôle de l'entreprise, principalement pendant le stage intégré obligatoirement dans le cursus professionnel. Les contenus, les objectifs, la durée, l'organisation du stage sont fixés par une convention signée par le chef d'entreprise et le chef d'établissement.

Aider le jeune à s'insérer professionnellement est une démarche indispensable, mais il est important de faire comprendre au monde de l'entreprise que le développement des stages, aux niveaux les plus élevés du cursus, ne doit pas se faire au détriment des stages de niveaux moins élevés. Ces derniers sont souvent plus indispensables aux jeunes pour s'insérer.

Faciliter l'insertion

Dans certaines académies, le passage entre dispositifs de formation professionnelle sous statut scolaire et dispositifs sous contrat de travail a été facilité.

Sept établissements des académies de Lyon et Grenoble assurent ainsi, en partenariat avec les professionnels, la fomation de 149 jeunes dans les métiers du bâtiment. L'objectif de cette formule est de permettre aux jeunes d'acquérir les connaissances nécessaires à l'obtention d'une qualification professionnelle sanctionnée par un diplôme, d'assimiler le savoir-faire des entreprises et de favoriser leur insertion.

Les conventions de partenariat

Dans la même démarche de travail en commun école-entreprise, des conventions de partenariat ont été conclues entre certaines branches professionnelles nationales et l'Éducation nationale : la Confédération de la boucherie, la Fédération nationale de la coiffure, la Fédération de la plasturgie, l'Association nationale des industries agro-alimentaires, etc. Des conventions ont également été signées avec des entreprises de dimension nationale : La Poste, IBM, EDF-GDF, SNCF, Citroën, Peugeot, Schneider electric, Sodexho…

Ces conventions prévoient toutes :

– l'accueil de jeunes en stages ou en périodes de formation en entreprise sur les sites, dans le respect de leurs disponibilités d'accueil, des référentiels des diplômes et des objectifs de formation négociés avec les équipes pédagogiques ;

– la participation de spécialistes de l'entreprise dans des actions d'information ou de formation de jeunes préparant aux différents diplômes de l'Éducation nationale ;

– la mise en place de formations d'adaptation à l'emploi, notamment dans le cadre de formations complémentaires d'initiative locale, compte tenu des besoins du terrain identifiés.

Le Haut Comité Éducation-Économie

Le Haut Comité Éducation-Économie (HCEE) a été créé en 1986. Il est composé de 24 membres :

– 12 représentants des organisations socioprofessionnelles représentatives au plan national (organisations d'employeurs, de salariés et d'enseignants), les chambres de commerce et d'industrie, les chambres des métiers ;

– 12 personnalités qualifiées nommées par le ministre en raison de leur compétence en matière de rapport éducation-entreprise.

Le HCEE a des correspondants dans toutes les académies. Son rôle est de favoriser les relations entre le système éducatif et les entreprises, de réfléchir sur la culture économique et technique à donner à tous les jeunes et de mettre en valeur les expériences et les réflexions sur ces questions à partir d'une revue trimestrielle *Éducation-Économie.*

L'apprentissage

L'apprentissage est un contrat de travail d'une durée usuelle de deux ans, visant l'obtention d'un diplôme national ou d'un titre homologué. Les apprentis partagent leur temps entre un centre de formation (CFA) et l'entreprise qui les accueille, sous la responsabilité d'un maître d'apprentissage.

La progression et la mutation des effectifs de l'apprentissage

La durée de la formation en apprentissage doit être de 400 heures minimum par an. Elle varie selon les diplômes préparés. La rémunération de l'apprenti tient compte de son âge, de son ancienneté en apprentissage et du niveau du SMIC.

Le nombre d'apprentis a considérablement progressé de 2000 à 2010, en passant de moins de 350 000 apprentis à plus de 425 000. Mais, ce qui s'est surtout profondément modifié, c'est la structure de l'apprentissage qui, d'un dispositif destiné aux élèves les moins qualifiés, se transforme peu à peu en formation destinée aux élèves ayant déjà un niveau de formation conséquent.

Les formations débouchant sur des CAP, BEP concernaient 72 % des apprentis en 2000, 59 % en 2006 ; elles ne concernent plus que 49 % des apprentis en 2010. Les apprentis préparant un baccalauréat ou son équivalent étaient 18 % en 2000, ils sont 26 % en 2010. Ceux qui préparent un diplôme de l'enseignement supérieur dépassent en 2010 le nombre de 100 000 et représentent 25 % des apprentis.

Le pourcentage de filles dans les formations d'apprentissage s'est beaucoup accru sur ces dix dernières années. Elles ne sont qu'un peu plus de 20 % pour les formations de niveau CAP et BEP, mais elles sont autour des 50 % pour les préparations à un diplôme de l'enseignement supérieur.

Les tentatives pour relancer l'apprentissage pour des jeunes à faible niveau de qualification

En mai 2011, le Centre d'analyse stratégique a publié un rapport recommandant le développement de l'apprentissage à de faibles niveaux de qualification pour faciliter l'intégration dans l'emploi des jeunes, alors que le recrutement par les chefs d'entreprise des apprentis se fait prioritairement depuis dix ans vers les niveaux les plus qualifiés.

L'UIMM (Union des Industries Métallurgiques et Minières), peu après cette publication, a annoncé sa volonté de poursuivre et développer sa politique de recrutement d'apprentis au niveau Bac+2 et Bac+3 en indiquant : « L'entreprise n'a pas à rattraper les insuffisances du système éducatif ». Le gouvernement a, suite à ce rapport, décidé de tout faire pour que l'apprentissage au niveau CAP ne baisse pas.

En juin 2011 a été votée la loi dite CHERPION, applicable au 31 juillet 2011, permettant « à des jeunes de 14 ans et demi ayant terminé une troisième d'entrer en apprentissage ». Elle permet également « au jeune d'entrer dans une formation en apprentissage sans contrat avec une entreprise, le jeune étant considéré comme stagiaire pendant un an ». Ce temps de latence doit être mis à profit pour rechercher un contrat d'apprentissage. Le risque existe cependant que le jeune se retrouve à 16 ans sans aucun contrat, sans aucun diplôme avec des perspectives de chômage bien plus fortes que s'ils étaient restés sous statut scolaire.

L'APPRENTISSAGE DANS L'ENSEIGNEMENT SUPÉRIEUR

Plus de 100 000 jeunes suivent une formation en apprentissage pour obtenir un diplôme de l'enseignement supérieur.

En 2010 :

- 48 % préparent un BTS ;
- 6 % un DUT ;
- 5 % un autre diplôme de niveau Bac + 2 ;
- 17 % une licence professionnelle ou équivalent ;
- 24 % un diplôme de niveau master, ingénieur (Bac + 5 et au-delà).

Ces formations délivrant des diplômes d'enseignement supérieur sont en hausse constante depuis une dizaine d'années. Ils étaient 692 apprentis à préparer une licence en 2001, ils sont plus de 16 000 aujourd'hui ; ils étaient 11 à préparer un master par apprentissage en 2004, ils sont près de 8 000 en 2010.

Plus de 50 % des jeunes inscrits en apprentissage pour préparer un diplôme Bac + 2 viennent d'une terminale de lycée.

Origine des apprentis inscrits en première année pour obtenir un diplôme Bac + 2 en 2010

- Venant d'un lycée : 50,4 %
  - Terminale générale : 13,4 %
  - Terminale technologique : 19,3 %
  - Terminale professionnelle : 17,7 %
- Reconversion après échec dans l'université : 10,5 %
- Auparavant en apprentissage pour obtenir le baccalauréat : 19 %
- Autres origines : Chômage, emploi, stages… : 20,1 %

Comment sont gérées les formations en apprentissage du supérieur

Pour les formations autres que les BTS, des Centres de formation d'apprentis (CFA) du supérieur ont été créés avec différents types de structures :

- soit l'Université est seul organisme gestionnaire ;
- soit l'organisme gestionnaire est une association loi 1901 où coopèrent des établissements d'enseignement supérieur et des organismes professionnels ou des entreprises ;
- soit une branche professionnelle, une entreprise où une chambre consulaire passe une convention avec une université à laquelle elle sous-traite tout ou partie de la formation assurée dans le CFA qu'elle gère.

La taxe d'apprentissage

La taxe d'apprentissage est un impôt proportionnel à la masse salariale de l'entreprise qui représente environ 2 milliards d'euros. Elle peut être versée au Trésor public, ou directement aux établissements assurant un enseignement technologique ou professionnel, ou à un organisme collecteur lié à des chambres de commerce ou d'industrie. L'entreprise peut en être exonérée si elle organise elle-même des formations.

La taxe d'apprentissage reçue en 2010 par élève par les établissements y ouvrant droit (ayant des formations techniques) est très inégalitaire :

	Public	Privé
Collège	130 €	416 €
EREA	191 €	
Lycées professionnels	122 €	307 €
Lycées technologiques ou polyvalents	135 €	336 €

La formation continue des adultes

Les adultes peuvent améliorer leurs qualifications et leurs compétences en poursuivant une formation continue dans le cadre de groupements d'établissements, les Greta.

L'action des Greta

Ces groupements d'établissements peuvent se constituer sur la base de la proximité géographique ou d'activités similaires. Ils fédèrent des collèges, des lycées d'enseignement général, technologique ou professionnel. Leur action s'inscrit dans le cadre de plans académiques de développement élaborés et animés par les délégués académiques à la formation continue (Dafco). Ils interviennent en liaison avec les entreprises pour participer à des actions de formation continue professionnelle de leurs personnels. On compte actuellement 229 Greta, qui ont mis en commun leurs moyens en personnels, en locaux et en équipement.

Formation continue des adultes dans les Greta

Année	Nombre de stagiaires	Heures stagiaires (en millions)
2000	518000	69,8
2001	506000	66
2002	485000	65,6
2003	478000	64,6
2004	473000	62,3
2005	446000	57,9
2006	439000	58,1
2007	457000	55,7
2008	479000	53
2009	478000	50,8

La mutation des Greta

- Le nombre de stagiaires a légèrement baissé entre 2000 et 2009. Le nombre d'heures stagiaires a, quant à lui, beaucoup plus fortement baissé, indication de la forte diminution du nombre d'heures par stagiaire. En moyenne un stagiaire de Greta bénéficie d'une formation de 110 heures par personne.
- La loi Warsman du 17 mai 2011 a prévu de faire disparaître, à l'horizon 2013, les Greta tels qu'ils existent aujourd'hui pour les transformer en Groupement d'Intérêt Public (GIP). Ces GIP devraient se constituer sur la base des contributions financières des EPLE qui en font partie. Les collectivités territoriales qui financent par leurs contributions les établissements scolaires seront ainsi appelées à financer les GIP comme elles financent déjà dans le domaine de la formation pour adultes l'AFPA (Association pour la formation professionnelle des adultes). Le GIP ainsi organisé supportera le poids du salaire du directeur.

Le financement des Greta

- L'origine des financements des Greta s'équilibre globalement entre fonds publics et fonds privés (sur les 437 millions d'euros de chiffre d'affaires des Greta en 2009 : 221,6 millions viennent de fonds publics et 215,4 millions de fonds privés) ; mais avec des situations qui varient fortement selon les académies.
- Dans certaines académies comme Limoges, la Corse, la Guadeloupe, les actions des Greta sont financées jusqu'aux trois quarts par des fonds publics (État ou collectivités territoriales) tandis que d'autres académies comme Paris et Bordeaux dépendent aux trois quarts de fonds privés (entreprises ou individus).

LA VALIDATION DES ACQUIS DE L'EXPÉRIENCE (VAE)

L'éducation récurrente

Des formations d'adultes entrant dans le cadre de l'éducation permanente se déroulent dans les établissements scolaires sous réserve de la disponibilité des locaux et des personnels nécessaires. « L'éducation récurrente » permet aux établissements volontaires d'accueillir les adultes à tous les niveaux de formation, notamment en section de technicien supérieur (STS) ou en formation complémentaire post-CAP, BEP et Bac professionnel.

Plusieurs structures de l'Éducation nationale collaborent pour satisfaire ce besoin d'éducation permanente. Elles ont en commun une double exigence : offrir des solutions de proximité et individualiser les réponses. Certaines se consacrent au développement des connaissances de base (ateliers pédagogiques personnalisés), d'autres sont spécialisées pour offrir des formations qualifiantes (centres permanents de l'Éducation nationale), d'autres encore assurent une formation aux langues vivantes.

Ce dispositif a été complété par la mise en place de centres de bilan et de centres de validation.

La mise en place de la VAE

La VAE, généralisée en 2002 avec la loi de modernisation sociale, permet d'obtenir intégralement un diplôme ou une partie de celui-ci.

La VAE constitue une voie d'obtention des diplômes au même titre que la voie scolaire, l'apprentissage ou la formation continue des adultes. Elle concerne tous les diplômes à finalité professionnelle de l'Éducation nationale.

Toute personne peut être candidate à la validation des acquis dès lors qu'elle peut justifier avoir exercé pendant au moins trois ans une des activités ou l'intégralité des activités correspondant à la certification recherchée.

La VAE s'apprécie au regard de l'ensemble des connaissances, aptitudes et compétences acquises par le candidat dans l'exercice de ses activités.

Les candidats à la VAE

Les candidats à la VAE sont plus nombreux à viser un diplôme de niveau Bac + 2 (niveau III). Ils sont 45 % dans ce cas, contre 31 % pour des diplômes de niveau Bac (niveau IV) et 24 % pour des diplômes CAP ou BEP (niveau V).

22 300 dossiers ont été examinés par les jurys en 2009. 19 700 candidats examinés ont validé au moins une partie du diplôme visé dont les trois quarts (14 800) sont des validations complètes.

Les diplômes les plus demandés sont le CAP Petite enfance et le Diplôme d'État d'éducateur spécialisé (diplôme Bac + 2), qui comptabilisent chacun respectivement 16 % et 11 % de l'ensemble des demandes des candidats à la VAE.

Le Dafco

Le délégué académique à la formation continue (Dafco), placé sous l'autorité du recteur, répartit les moyens entre les différents Greta ; il instruit les demandes de convention entre les établissements scolaires, les entreprises et les divers partenaires.

Le Dafco a également autorité sur le centre académique de formation continue (Cafoc), qui assure la formation des conseillers en formation continue ainsi que celle des personnels enseignants titulaires ou auxiliaires appelés à assurer des formations pour adultes à l'extérieur ou à l'intérieur de l'Éducation nationale.

Les associations complémentaires

Dans les années 1930 et après la Libération, à l'initiative d'instituteurs, un réseau d'entreprises mutualistes s'est développé au sein de l'Éducation nationale.

Les structures mutualistes

Ces structures mutualistes ont aujourd'hui acquis une puissance importante dans leur secteur d'activités. Ce sont, par exemple :

– la Mutuelle générale de l'Éducation nationale (MGEN) qui gère la Sécurité sociale des personnels de l'éducation ;

– la Mutuelle d'assurance des instituteurs de France (MAIF) ;

– la Mutuelle retraite des instituteurs et fonctionnaires de l'Éducation nationale (MRIFEN)

– la Caisse autonome de solidarité des personnels de l'Éducation nationale – Banque populaire (Casden-BP) ;

– l'Autonome de solidarité, qui assure la défense des enseignants victimes d'agressions ou de difficultés juridiques dans l'exercice de leur métier.

Toutes ces structures mutualistes sont regroupées, avec d'autres structures intervenant dans et autour de l'école, dans le Comité de coordination des œuvres mutualistes de l'Éducation nationale (CCOMCEN).

L'agrément

Pour compléter l'action de l'école, proposer des activités aux jeunes hors activité scolaire, diverses associations se sont créées. Elles se dénomment « complémentaires de l'enseignement public » ou « laïques », par opposition à l'ancien « patronage » d'obédience essentiellement religieuse qui existait dans les années 1950-1960.

La loi d'orientation a prévu la création d'un Conseil national des associations éducatives complémentaires de l'enseignement public (CNAECEP), qui est habilité à agréer les associations complémentaires voulant intervenir dans les établissements scolaires. Cet agrément est important, car il permet à l'association de pouvoir intervenir en liaison avec le système éducatif, de recevoir éventuellement des subventions et de pouvoir bénéficier de personnels mis à disposition (MAD). Ces personnels sont des fonctionnaires.

L'habilitation

Le CNAECEP habilite les associations pour une durée de cinq ans sous l'une au moins des trois formes suivantes :

– en raison de leurs interventions pendant le temps scolaire, en appui aux activités d'enseignement conduites par les établissements ;

– en raison de l'organisation d'activités éducatives complémentaires en dehors du temps scolaire ;

– en raison de leur contribution au développement de la recherche pédagogique, à la formation des équipes pédagogiques et des autres membres de la communauté éducative.

LES ÉCLAIREURS DE FRANCE

Ouvert à tous

Le 28 mars 1995. les Éclaireuses et Éclaireurs de France (EEDF) ont vu leur agrément comme association complémentaire de l'enseignement public renouvelé par le CNAECEP. L'agrément intervient après vérification du caractère d'intérêt général et non lucratif, de la qualité des services proposés, de leur compatibilité avec les activités du service public de l'Éducation nationale, de leur complémentarité avec les instructions et les programmes d'enseignement ainsi que de leur respect des principes de la laïcité et d'ouverture à tous sans discrimination.

Le mouvement des Éclaireurs définit dans son journal, *Routes nouvelles*, son projet et ses actions avec l'école : « L'école publique est un partenaire privilégié des EEDF parce qu'elle est notre référence laïque, qu'elle a pour mission de garantir l'égalité des chances à tous les jeunes ; nous devons travailler avec elle : nos pratiques pédagogigues, nos savoir-faire peuvent intéresser enseignants et parents. »

Des opérations multiples

Les Éclaireurs organisent, dans le cadre de leurs actions nationales, des opérations en direction des écoles, collèges et lycées. Ils publient des articles pédagogiques dans les revues des associations complémentaires et des syndicats d'enseignants. Ils développent, en particulier lors de la création de groupes, des partenariats avec les conseils locaux des parents d'élèves et construisent et animent un module de formation à l'usage des délégués de classe. Les EEDF s'efforcent de favoriser la prise d'initiatives et de promouvoir une citoyenneté active à travers leurs projets de solidarité, qu'ils soient de proximité, quotidiens, internationaux, individuels ou collectifs. C'est le cas dans les camps d'été qu'ils organisent chaque été pour les jeunes de 6 à 19 ans. Ces camps sont l'occasion que laïcité, démocratie, solidarité, ouverture, apprentissage de la responsabilité, respect de l'environnement ne soient pas de vains mots, mais des valeurs en action au quotidien.

Le défi de Mosaïque

De 1996 à 2000, les 32 000 enfants des EEDF se sont efforcés, au travers de l'action nationale « Mosaïque », de découvrir et de vivre l'importance de l'action sur le terrain de la solidarité. Distraire les personnes âgées, faire du sport avec les handicapés, planter des arbres au Sahel, repeindre des chambres dans un orphelinat de Roumanie, écrire à des enfants du Rwanda, tels ont été quelques-uns des défis des lutins, louveteaux et éclaireurs.

Les relations école-police-justice

Depuis plusieurs années, se sont développées des expériences de partenariat entre l'Éducation nationale et les services de police et de justice pour enrayer la violence à l'école.

Le travail en commun

Dans quelques départements, des actions communes ont été mises en place. En Seine-Saint-Denis, dès 1992, une note a été élaborée en commun par l'inspection académique et le parquet du tribunal de grande instance de Bobigny. Cette note permet aux chefs d'établissements d'entrer immédiatement, en cas de problèmes, en contact avec un magistrat spécialisé de permanence au parquet.

En même temps, un retour de l'information concernant les décisions prises par la justice, tant à l'inspection académique qu'aux chefs d'établissements, est prévu. Cet échange d'informations, ainsi qu'un état des mesures proposées par les éducateurs mandatés par le juge permettent d'instaurer, avec les équipes enseignantes, des relations utiles au travail éducatif.

Les actions

Les actions menées peuvent être : des stages dans les services de sécurité publique, effectués par des jeunes issus de quartiers difficiles ; la création de postes d'îlotiers scolaires chargés du contact avec les enseignants, les parents d'élèves, les élus locaux, et qui effectuent des interventions dans les classes sur des sujets comme la drogue, le racket, la prévention routière, etc. ; des actions conjointes de prévention : journées « portes ouvertes », expositions, débats, production de documents pédagogiques, campagnes à thème visant à faire connaître et comprendre la loi aux élèves.

La mise en cohérence

Le niveau départemental constitue l'échelon moteur du partenariat, pour l'observation comme pour la prévention et le traitement de la violence. Il appartient au préfet de département et au procureur de la République d'assurer la mise en cohérence de l'ensemble des structures. De la même façon, il convient au niveau local, de mettre en cohérence les interventions conjointes des collectivités locales.

Le Comité d'éducation à la santé et à la citoyenneté (CESC)

Les CESC, créés en 1990 sous le nom de Comités d'environnement social, ont apporté, là où ils existent, la preuve de leur efficacité. Leur rôle consiste à réunir périodiquement des responsables et des personnels des établissements scolaires, des parents d'élèves, des représentants de collectivités locales, d'éducateurs, de services de police et de justice et des associations agissant dans l'environnement des établissements.

Les objectifs sont la prévention de la toxicomanie et des conduites à risque menant à la délinquance en permettant la compréhension des facteurs locaux qui peuvent favoriser l'apparition de la violence.

SIGNALEMENT D'INCIDENT OU DÉLIT EN MILIEU SCOLAIRE

Fiche type à remplir par le responsable d'un établissement scolaire lorsqu'un incident a lieu dans l'école

Établissement concerné : .... Ville : ....
N° d'immatriculation de l'établissement : 093 . . . . .
Date .... heure .... et lieu .... des faits.
Auteur du signalement. Nom : .... et qualité : ....

Destinataire(s) du fax :	IA [ ] (obligatoirement)	Parquet (4) [ ] P.I. Parquet (4) [ ] P.A.	Police nationale (4) [ ] P.I. Police nationale (4) [ ] P.A.
	N° fax : 01-48-31-63-16	N° fax : 01-48-95-13-40	N° fax : 01-43-93-33-94

TYPE D'INCIDENT GRAVE (1) (2)

			(1)	(2)
Vol et trafic	• vol	→ avec effraction	[ ]	....
		→ sans effraction	[ ]	....
	• recel		[ ]	....
	• stupéfiants		[ ]	....
Violences aux personnes	• sexuelles		[ ]	....
	• coups et blessures	→ avec arme	[ ]	....
		→ sans arme	[ ]	....
	• agression verbale	→ injures	[ ]	....
		→ menaces	[ ]	....
	• racket		[ ]	....
	• autres		[ ]	....
	(préciser.. ....)			
Atteintes aux biens	• incendies		[ ]	....
	• dégradation de locaux	→ tags	[ ]	....
		→ détériorations	[ ]	....
		→ destructions	[ ]	....
	• dégradation de biens meubles	→ véhicules	[ ]	....
		→ informatique et vidéo	[ ]	....
		autres	[ ]	....
Port d'arme	• à feu		[ ]	....
	• blanche	→ couteau	[ ]	....
		→ cutter	[ ]	....
	• bombe lacrymogène		[ ]	....
	• autres		[ ]	....
	(préciser.. ....)			

(1) Mettre une croix dans la ou les case(s) concernée(s).
(2) Gravité exceptionnelle : 4 ; très grave : 3 ; grave : 2 ; mérite d'être signalé : 1.

VICTIME : Nom ....
Prénom ....
Date de naissance : ....
Qualité ....

AUTEUR(S) PRÉSUMÉ(S)
[ ] isolé [ ] en bande
Appartient à l'établissement oui [ ] non [ ]
....
....
....
....

SUITES IMMÉDIATES DONNÉES (3)
SAMU [ ] POMPIERS [ ]
POLICE [ ] AUTRES [ ] : préciser..............
....
....
....

SUITES INTERNES À L'ÉTABLISSEMENT ENVISAGÉES (3)
Éviction temporaire [ ]
Conseil de discipline [ ]
Autres [ ] préciser : ....
....
....
....
....
....

(3) Le cas échéant.
(4) P.I. pour information – P.A. pour attribution.

« 13-18, Questions de justice »

Sous cet intitulé se cache une exposition réalisée par la Protection judiciaire de la jeunesse (PJJ) à destination des élèves des collèges. Elle a pour objectif de permettre aux élèves :
– de comprendre le fonctionnement de l'institution judiciaire au civil comme au pénal ;
– de prendre conscience de leurs droits et de leurs devoirs ;
– d'être informés des conséquences possibles d'un acte délictueux ;
– d'être capables d'utiliser les moyens légaux d'accès à la justice ;
– de connaître les lieux d'information et d'écoute existants.

L'accompagnement scolaire

La charte de l'accompagnement scolaire a été signée en octobre 1992 par le ministère de l'Éducation nationale et 26 associations et réactualisée en 2001. Elle vise à multiplier les initiatives d'aide aux devoirs et de soutien scolaire et à mieux définir le partenariat avec les équipes éducatives des établissements.

L'aide aux élèves en difficulté

- L'accompagnement scolaire peut permettre de porter remède aux difficultés que rencontrent les enfants pour effectuer leur travail scolaire ; de rapprocher des générations, des publics différents grâce à l'intervention d'étudiants, de retraités, d'enseignants volontaires, d'appelés du contingent ; de montrer que l'éducation est aujourd'hui l'affaire de tous.
- Ces actions fonctionnent le plus souvent en étroite liaison avec l'établissement scolaire et ses équipes pédagogiques. Il ne s'agit pas de remplacer l'école, mais d'offrir aux jeunes un appui pour leur réussite scolaire.
- Pour améliorer l'articulation entre l'école et l'accompagnement scolaire et éviter les doublons entre études dirigées et aide aux devoirs, les réseaux solidarité-école ont été impulsés par le Fonds d'action sociale (FAS) et l'Éducation nationale.

Les exigences du succès

- Le succès du dispositif est lié à plusieurs exigences :

– la mobilisation de personnes-ressources qualifiées pour proposer un accompagnement éducatif axé sur le travail scolaire ;

– la relation continue avec l'établissement scolaire, ses enseignants et les familles ;

– la bonne connaissance des publics scolaires concernés.

- Un certain nombre de structures comme les centres de formation et d'information pour la scolarisation des enfants de migrants (CEFISEM), devenus en 2002 les centres pour la scolarisation des nouveaux arrivants et des enfants du voyage (CASNAV), ont mis en place des stages enseignants/acteurs de l'accompagnement scolaire, dont le contenu s'articule autour de l'ouverture de l'école sur son environnement.

L'école ouverte

Née en 1991, École ouverte est une opération qui ouvre des établissements du second degré pendant les vacances scolaires pour accueillir des jeunes qui ne partent pas en vacances et qui ne fréquentent que peu voire pas les structures locales d'accueil et de loisirs. École ouverte, qui s'inscrit dans les opérations Ville-Vie-Vacances (VVV), propose aux jeunes un programme d'activités éducatives, sportives et de loisirs, mais aussi d'accompagnement et de renforcement scolaire. Elle a concerné, en 2002, 210 établissements du second degré dans 10 régions et a permis d'accueillir plusieurs milliers de jeunes de 11 à 18 ans. Luc Ferry et Xavier Darcos ont annoncé, en juillet 2002, leur intention de doubler le nombre d'établissements concernés.

QUELQUES EXEMPLES D'ACCOMPAGNEMENTS SCOLAIRES

Une nouvelle *charte nationale de l'accompagnement à la scolarité* a été signée à la rentrée 2001. Les signataires (ministères de l'Éducation nationale, de l'Emploi et de la Solidarité, de la Jeunesse et des Sports, délégué à la Famille, à l'Enfance et aux Personnes handicapées, délégué à la Ville, Fonds d'action sociale, Caisse nationale des allocations familiales) s'engagent notamment à « participer au développement des actions d'accompagnement qui contribuent à la réussite scolaire ; favoriser la constitution de réseaux locaux de solidarité en faveur de la réussite scolaire, en liaison avec les enseignants et les familles ».

À l'occasion de la signature de cette charte, un *guide de l'accompagnement à la scolarité* est paru qui présente quelques exemples d'accompagnement scolaire.

Valensolles (Drôme)

L'action touche, en 2000-2001, 156 jeunes de l'école primaire et du collège issus d'un quartier en difficulté comprenant notamment des gens du voyage en voie de sédentarisation.

L'action vise l'intégration scolaire :

– permettre aux jeunes de retrouver confiance dans leur capacité à apprendre ;

– permettre aux parents de se reconnaître des capacités à suivre et à aider leurs enfants dans leur scolarité ;

– aider l'école à mieux vivre la diversité sociale des jeunes.

Tous les soirs, après l'école, durant 1 h 30, par petits groupes de trois, autour d'un intervenant, le point est fait sur la journée, une aide aux devoirs et des ateliers d'expression culturelle, artistique ou sportive sont offerts.

Alpes-de-Haute-Provence

Cette action est appelée « Une heure pour un enfant ». Elle est organisée par l'union départementale des associations familiales (UDAF), concerne les écoliers et les collégiens de 6e et de 5e et a pour objectif d'aider des enfants en difficulté scolaire. Un bénévole se rend une fois par semaine au moins au domicile de l'enfant pour l'aider à faire son travail et s'entretenir avec la famille du suivi scolaire de l'enfant. Cette action se développe en lien étroit avec les écoles et les établissements scolaires.

Dreux (Eure-et-Loir)

Cette action, menée par une association, se concrétise par une offre d'ateliers socioculturels et sportifs inscrite dans le contrat éducatif local et le contrat de Ville et une aide au travail scolaire organisée dans le cadre d'un contrat local d'accompagnement à la scolarité.

La revue *16 heures 30 aux côtés de l'école* est une coédition du Fonds d'action sociale (FAS) et du Centre national de documentation pédagogique (CNDP). Ce journal trimestriel gratuit est consacré aux actions d'accompagnement scolaire.

L'Afev

L'Association de la fondation étudiante pour la ville (Afev) a été fondée en 1992. Elle réunit aujourd'hui plus de 2 000 jeunes étudiants qui agissent dans les quartiers pour aider les enfants en difficulté à faire leurs devoirs. Chaque étudiant s'occupe de un à trois enfants.

Les sigles en cours dans l'Éducation nationale

Afev : Association de la fondation étudiante pour la ville

APAJH : Association pour adultes et jeunes handicapés

Apasu : Attachés principaux d'administration scolaire et universitaire

ASE : Aide sociale à l'enfance

Asem : Agents spécialisés de l'école maternelle

Atos : personnels administratifs techniques ouvriers de service sociaux et de santé

BEP : Brevet d'études professionnelles

Bepa : Brevet d'études professionnelles agricoles

BEPC : Brevet d'études du premier cycle du second degré

Bipe : Bureau d'information et de prévisions économiques

BMA : Brevet des métiers d'art

BP : Brevet professionnel

BT : Brevet de technicien

BTA : Brevet de technicien agricole

BTS : Brevet de technicien supérieur

BTSA : Brevet de technicien supérieur agricole

CAACEP : Conseil académique des associations complémentaires de l'enseignement public

CAEN : Conseil académique de l'Éducation nationale

Cafed : Certificat d'aptitude aux fonctions d'enseignement du privé

CAFIMF : Certificat d'aptitude aux fonctions d'instituteurs ou de professeurs des écoles maître-formation

Cafoc : Centre académique de formation continue

CAP : Certificat d'aptitude professionnel

Cape : Certificat d'aptitude au professorat des écoles

Capeps : Certificat d'aptitude au professorat de l'éducation physique et sportive

Capes : Certificat d'aptitude au professorat de l'enseignement du second degré

Capet : Certificat d'aptitude au professorat de l'enseignement technique

Caplp 2 : Certificat d'aptitude au professorat des lycées professionnels

Capsais : Certificat d'aptitude pédagogique spécialisé pour l'adaptation de l'intégration scolaire

CASNAV : Centre pour la scolarisation des nouveaux arrivants et des enfants du voyage

Case : Conseiller d'administration scolaire et universitaire

CAT : Centre d'aide par le travail

CCOMCEN : Comité de coordination des œuvres mutualistes de l'Éducation nationale

CCPE : Commission de circonscription pré-élémentaire et élémentaire

CCSD : Commission de circonscription pour l'enseignement du second degré

CDDP : Centre départemental de documentation pédagogique

CDEN : Conseil départemental de l'Éducation nationale

CDES : Commission départementale d'éducation spécialisée

CDI : Centre de documentation et d'information

Cedefop : Centre européen pour le développement de la formation professionnelle

Cefisem : Centre d'études pour la formation et l'information sur la scolarisation des enfants migrants

CEL : Contrat éducatif focal

CES : Comité d'environnement social

CES : Contrat emploi-solidarité

CESC : Comité d'éducation à la santé et à la citoyenneté

Cevu : Conseil des études et de la vie universitaire

CFA : Centre de formations des apprentis

CFC : Centre de formation continue

CIC : Commission interprofessionnelle consultative

Ciep : Centre international d'études pédagogiques

CIO : Centre d'information et d'orientation

Cippa : Cycle d'insertion professionnelle par alternance

Clipa : Classe d'initiation préprofessionnelle par alternance

Cliss : Classe d'intégration scolaire

CLS : Contrat local de sécurité

CMPP : Centre médico-psychopédagogique

CNAECEP : Conseil national des associations éducatives complémentaires de l'enseignement public

CNDP : Centre national de documentation pédagogique

CNEC : Comité national de l'enseignement catholique

Cned : Centre national d'enseignement à distance

Cnefei : Centre national d'études et de formation pour l'enfance inadaptée

Cneser : Conseil national de l'enseignement supérieur et de la recherche

Cnous : Centre national des œuvres universitaires et scolaires

CNP : Conseil national des programmes

CNRAA : Centre national de ressources pour l'alternance en apprentissage

CNVL : Conseil de vie lycéenne

Codiec : Comité diocésain de l'enseignement catholique

COP : Conseiller d'orientation-psychologue

Cotorep : Commission technique d'orientation et de reclassement professionnel

CPA : Classe préparatoire à l'apprentissage

CPAIEN : Conseiller pédagogique auprès de l'IEN

CPC : Commission professionnelle consultative

CPE : Conseiller principal d'éducation

CPGE : Classe préparatoire aux grandes écoles

CPPN : Classe préprofessionnelle de niveau

CRCPE : Concours de recrutement de conseiller principal d'éducation

CRDP : Centre régional de documentation pédagogique

CRI : Cours de rattrapage intégré

Crous : Centre régional des œuvres universitaires et scolaires

CSAIO : Chef du service académique d'information et d'orientation

CSE : Conseil supérieur de l'Éducation

CTP : Comité technique paritaire

DAET : Délégué académique à l'enseignement technique

Dafco : Délégué académique à la formation continue

Ddass : Direction départementale de l'action sanitaire et sociale

DDEC : Dotation départementale d'équipement des collèges

DDEEAS : Diplôme de directeur d'établissements d'éducation adaptée et spécialisée

DDEN : Délégué départemental de l'Éducation nationale

DE : Direction des écoles

DEA : Diplôme d'études approfondies

DECF : Diplôme d'études comptables et financières

DEP : Direction de l'évaluation et de la prospective

DESS : Diplôme d'études supérieures spécialisées

Deug : Diplôme d'études universitaires générales

Deust : Diplôme d'études universitaires scientifiques et techniques

DGLDT : Délégation générale de lutte contre la drogue et la toxicomanie

DHG : Dotation horaire globale

Dijen : Dispositif d'insertion des jeunes de l'Éducation nationale

DLC : Direction des lycées et collèges

DNTS : Diplôme national de technologie spécialisée

DPE : Direction des personnels enseignants

DPECF : Diplôme préparatoire aux études comptables et financières

DPID : Direction des personnels d'inspection et de direction

Drac : Direction régionale des affaires culturelles

DRES : Dotation d'équipement scolaire

DUT : Diplôme universitaire de technologie

ECJS : Éducation civique, juridique et sociale

EPLE : Établissement public local d'enseignement

EPLV : Enseignement précoce des langues vivantes

EPS : Éducation physique et sportive

EPSCP : Établissement public à caractère scientifique, culturel et professionnel

Erea : Établissement régional d'enseignement adapté

Espemen : École supérieure des personnels d'encadrement du ministère de l'Éducation nationale

FAI : Fonds d'aide à l'innovation

Fas : Fonds d'action sociale

Fave : Fonds d'amélioration de la vie étudiante

FSE : Foyer socio-éducatif

GAPP : Groupes d'aide psychopédagogique

Glas : Groupe local d'actions sécurité

Goals : Groupe opérationnel d'actions locales de sécurité

Greta : Groupement d'établissements pour la formation des adultes

GTD : Groupes de travail disciplinaires

IA : Inspecteur d'académie

IDEN : Inspecteur départemental de l'Éducation nationale

IEN : Inspecteur de l'Éducation nationale

IEP : Institut d'études politiques

IET : Inspecteur de l'enseignement technique

Igaen : Inspection générale de l'administration de l'Éducation nationale

Igen : Inspection générale de l'éducation nationale

IME : Institut médico-éducatif

IMF : Institut-maître-formation

IMP : Institut médico-pédagogique

Impro : Institut médico-pédagogique professionnel

INRDP : Institut national de la recherche et de documentation pédagogique

INRP : Institut national de la recherche pédagogique

INSERM : Institut national de la santé et des recherches médicales

IPR : Inspecteur pédagogique régional

IPR-IA : Inspecteur régional - Inspecteur d'académie

IUFM : Institut universitaire de formation des maîtres

IUP : Institut universitaire professionnalisé

IUT : Institut universitaire de technologie

LEA : Lycée d'enseignement adapté

LEGT : Lycée général et technologique

Legta : Lycée général et technique agricole

LEP : Lycée d'enseignement professionnel

LP : Lycée professionnel

LPA : Lycée professionnel agricole

MA : Maître auxiliaire

MAFPEN : Mission académique à la formation des personnels de l'Éducation nationale

MAIF : Mutuelle d'assurance des instituteurs de France

MGEN : Mutuelle générale de l'Éducation nationale

MI : Maître d'internat

MI-SE : Maître d'internat-surveillant d'externat

MRIFEN : Mutuelle de retraite des instituteurs et fonctionnaires de l'Éducation nationale

MSG : Maîtrise de sciences et gestion

MST : Maîtrise de sciences et techniques

Ogec : Organisme de gestion des écoles catholiques

Onisep : Office national d'information sur les enseignants et les professions

PAE : Projet d'action éducative

PAF : Plan académique de formation

PAIO : Permanence d'accueil, d'information et d'orientation

Peep : Fédération des parents d'élèves de l'enseignement public

PEGC : Professeur d'enseignement général de collège

PEP : Poste à exigences particulières

PLP : Professeur de lycée professionnel

PPCP : Projet pluridisciplinaire à caractère professionnel

PRFPJ : Plan régional de formation professionnelle des jeunes

RAS : Réseau d'aide spécialisé

Rased : Réseau d'aide spécialisée aux élèves en difficulté

REP : Réseau d'éducation prioritaire

SCEREN : Services culture, éditions, ressources pour l'Éducation nationale

Segpa : Section d'enseignement général et professionnel adapté

SEGT : Section d'enseignement général et technique en lycée professionnel

SEP : Section d'enseignement professionnel en lycée général et technique

SES : Section d'éducation spécialisée

ST2S: Sciences et techniques de la santé et du social

STAE : Sciences et technologies de l'agronomie et de l'environnement

STAPS : Sciences, techniques et activités physiques et sportives

STI2D: Sciences et technologies de l'industrie et du développement durable

STL : Sciences et technologies de laboratoire

STMG : Sciences et techniques du management et de la gestion

STPA : Sciences et technologies du produit agro-alimentaire

STT : Sciences et techniques tertiaires

SUIO : Service universitaire d'information et d'orientation

TA : Titulaire académique

TPE : Travaux personnels encadrés

TR : Titulaire remplaçant

UFR : Unité de formation et de recherche

ULIS : Unité localisée pour l'intégration scolaire (ex-UPI : Unité pédagogique d'intégration)

ZEP : Zone d'éducation prioritaire

Index

D

E

F

G - H

I

L

M - N

O

P

R

S

T

U

V - Z

Crédit photographique

p. 5 : Michel Barret/Rapho - **p. 7 :** Archives Nathan - **p. 9 :** G. Atger/Editing **p. 11, 17, 99 :** J.-M. Beaumont/Photo C.N.D.P. - **p. 15, 33, 41, 127 :** dessins Fractale - **p. 21 :** M. Gauvry/Ciric - **p. 23 :** VELA/Ciric - **p. 39 :** Corinne Simon/Ciric - **p. 45 :** Coll. Viollet - **p. 51, 71 :** Schuller/Editing - **p. 59, 143:** Marc Pialoux/Photo C.N.D.P. - **p. 69 :** Michel Gounot - **p. 75 :** Gasarian/Editing - **p. 81:** A. Damaud/Service communication de la mairie de Montreuil - **p. 91 :** Cinestar **p. 93 :** Main Pinoges/Ciric - **p. 97 :** Thierry Blandino/Editing Diffusion - **p. 105, 125 :** J. Suquet/Photo C.N.D.P. - **p. 123:** Photo AFP, Alain Le Bot/Gamma **p. 133 :** G. Beauzee/Urba Images - **p. 135 :** Gilles Delbos.

Édition : Judith Ajchenbaum
Iconographie : Laure Penchenat
Dessins : Fractale
Mise en page : MRGS
Maquette de couverture : Évelyn Audureau, Alice Lefèvre

Impression & brochage sepec - France
Numéro d'impression : 06601120640 - Dépôt légal : août 2012
Numéro de projet : 10184030 - MRGS

IMPRIM'VERT®